25,-

Pietro Archiati
Christentum oder Christus?

PIETRO ARCHIATI

Christentum
oder
Christus?

Das Christentum als reines Menschentum in der
Geisteswissenschaft Rudolf Steiners

VERLAG AM GOETHEANUM

2., verbesserte Auflage 1996

Gesamtgestaltung von Gabriela de Carvalho

© Copyright 1995 by Verlag am Goetheanum, CH-4143 Dornach
Gesamtherstellung: Freiburger Graphische Betriebe
ISBN 3-7235-0924-X

Inhalt

Vorwort zur zweiten Auflage

Im Laufe der Jahre bin ich von vielen Menschen gebeten worden, auch in schriftlicher Form einige meiner Gedanken einer größeren Zahl von Menschen zur Verfügung zu stellen. Ich habe mich innerlich immer dagegen gesträubt – aus einem ganz einfachen Grunde: wenn die Dinge schwarz auf weiß gedruckt sind, erwartet der Leser, daß sie absolut «stimmen», der Autor kann daran aber zunächst nichts mehr ändern. Es ist nicht mehr möglich, durch Hinzufügungen oder Erweiterungen dieses oder jenes auch von einer *anderen* Seite zu charakterisieren oder zu beleuchten. Die Wirklichkeit ist nun aber unerschöpflich. Man könnte die Dinge sich immer noch von einer anderen Seite anschauen. Oder man könnte *dasselbe* wiederum ganz *anders* ausdrücken ...

Wenn ich mich nun entscheide, einige meiner Gedanken – und zwar zu einem Thema, das zu den wichtigsten gehört, und in einer Form, die möglichst jedem Menschen zugänglich sein will – dem Papier anzuvertrauen, so möchte ich mit dem Leser folgende Vereinbarung treffen: Meinerseits bin ich bemüht, meine Gedanken und Denkzusammenhänge so zu gestalten, daß kein Aspekt dogmatisiert oder verabsolutiert wird. Dabei ist es selbstverständlich – weil die Wirklichkeit, obwohl unerschöpflich, so doch immer *objektiv* ist –, daß ich bestrebt bin, nur Objektives und Wahres auszusprechen. Der Leser darf aber seinerseits die Gedanken nicht vergessen, die im Buch *nicht* geäußert werden. Die geschriebenen Gedanken wollen so verstanden werden, daß sie dazu dienen, aus dem Leser selbst die ungeschriebenen hervorzulocken. Wenn ich mit ihm *sprechen* könnte, so hätte ich die Möglichkeit – durch *seine* Gedanken angeregt –, immer neue Aspekte hinzuzufügen. Das abendländische Denken hat ja in Gesprächsform – in den platonischen Dialogen – seine Geburt erlebt.

Der äußerliche Anlaß für den Druck dieses Buches waren zwei Vorträge, die ich im Laufe der Sommertagungen 1995 im Goetheanum in Dornach (Schweiz) über Weltreligionen gehalten habe. Ich habe den Umfang um ein Mehrfaches erweitert, nachdem ich vom Verleger gebeten wurde, meine Gedanken einem weiteren Menschenkreis zugänglich zu machen. Form und Inhalt werden dem Leser noch etwas von der Atmosphäre eines freien Vortrages vermitteln können. Das betrachte ich keineswegs als Mangel; es liegt vielmehr in meiner Absicht. Ein gewisser Verzicht auf formale Perfektion zugunsten größerer Unmittelbarkeit scheint mir für viele Leser nur von Vorteil zu sein.

Ich hoffe, daß der Leser, der die Geisteswissenschaft Rudolf Steiners kaum oder zu wenig kennt – denn auch für ihn ist das Buch geschrieben –, mir eines verzeihen wird: Es war mir in diesem Rahmen nicht möglich, viele von ihren positiven Inhalten – besonders zum Beispiel im Kapitel über Jesus von Nazareth – näher zu erläutern oder zu begründen. Mögen sie zunächst ganz freilassend als Informationen über diese Geisteswissenschaft selbst genommen werden – und vor allem als Zeugnis der Zentralität, die dem Christus-Wesen in ihr zukommt.

Ein Wort über meine eigene Beziehung zu Rudolf Steiner schulde ich noch dem Leser. Wer seine Geisteswissenschaft nicht kennt, *muß* die Frage stellen: Wie ist es möglich, daß diesem einen Menschen – Rudolf Steiner – eine so einmalige Bedeutung beigemessen wird? Haben wir nicht hier wieder mit Dogmatismus oder sogar mit Fanatismus zu tun? Dazu will ich nur sagen: Der Leser kann sich nur selber ein Urteil darüber bilden, ob ich ihm da, wo ich meine eigenen Gedanken entfalte, den Eindruck eines Dogmatikers mache. Eine höhere Instanz als seine eigene Urteilsfähigkeit hat er ebensowenig wie ich.

Für das Zustandekommen dieses Buches möchte ich zwei Menschen meine besondere Dankbarkeit aussprechen: Vreni Läng und Joseph Morel. Sie haben meiner Abneigung gegen das Schreiben abgeholfen und das von mir diktierte Wort für den Leser niedergeschrieben.

Pietro Archiati

I.

Was ist «Christentum»?

Der Stellenwert des Christentums in der Geisteswissenschaft Rudolf Steiners ist ein ganz besonderer. Es wird einerseits von Rudolf Steiner als Synthese aller Religionen betrachtet, andererseits haben wir das historische Christentum als eine Religion neben anderen. Diese Unterscheidung ist überhaupt die wichtigste, die gemacht werden muß.

Was unter Christentum herkömmlich verstanden wird, ist die kulturelle Form, die das Christliche in den letzten zweitausend Jahren angenommen hat. Hier handelt es sich hauptsächlich um *menschliche* Gedanken und Dogmen, um *menschliche* Einrichtungen, Kirchen und Konfessionen, das heißt um dasjenige, was die *Menschen* hervorgebracht haben in ihrer Beziehung zum Christus-Ereignis.

Die christliche «Religion» hat wohl immer den Bezug auf die Christus-Wesenheit selbst haben wollen. Die Grundaussage der Geisteswissenschaft ist aber, daß der direkte Umgang mit einer realen geistigen Welt immer mehr schwand in der Menschheit und daß die menschliche religiöse Praxis als solche immer mehr ins Zentrum rückte. Was *Christus* selbst ist und tut, wurde immer weniger erlebt und beachtet, und immer wichtiger wurde dasjenige, was die Kirche oder die Menschen tun. Daher ist die Unterscheidung zwischen Christentum als dem Tun Christi und Christentum als dem Tun der Menschen notwendig.

Erst eine neue und zeitgemäße *Geistes*wissenschaft vermag den Blick erneut direkt hinzulenken auf das übersinnliche Christus-Wesen als solches und auf sein

Wirken in der Menschheit als auf das *Wesentliche* des Christentums. Da ergeben sich Aspekte seines Wirkens in den letzten zweitausend Jahren und in unserer Zeit, von denen die Menschen ohne Geisteswissenschaft nicht wissen können. Rudolf Steiner äußert sich diesbezüglich folgendermaßen:

«Mancherlei Dienste hat Anthroposophie der Menschheit heute zu leisten. Ein wichtiger Dienst wird der religiöse Dienst sein. Nicht eine neue Religion soll gestiftet werden. Mit dem Ereignis, das darin besteht, daß ein Gott durch das Menschenschicksal der Geburt und des Todes gegangen ist, hat die Erde ihren Sinn bekommen so, daß dieses Ereignis niemals überboten werden kann. Nach dem Christentum – das ist ganz klar für den, der die Begründung des Christentums kennt – kann eine neue Religion nicht mehr begründet werden. Man würde das Christentum unrichtig verstehen, wenn man glauben würde, daß eine neue Religion begründet werden könne. Aber indem die Menschheit selber immer mehr und mehr vorrückt im übersinnlichen Wissen, wird das Mysterium von Golgatha und damit die Christus-Wesenheit immer tiefer und tiefer verstanden werden. Zu diesem Verstehen möchte eben gerade Anthroposophie dasjenige beitragen, was in der Gegenwart vielleicht nur sie beitragen kann.» (Vortrag vom 13. April 1922, GA 211)

Wo das Christentum zunächst eine Religion neben anderen war, konnte es noch nicht seine wahre Form finden. Das Christentum ist, wo es richtig verstanden wird, die Religion des Menschlichen schlechthin. Das Christus-Wesen ist die Verkörperung des Menschheitsideals. Sein Wirken ist die Vorausnahme in seinem eigenen Wesen und dadurch die Ermöglichung für jeden Menschen aller künftigen Stufen der Entwicklung von

Mensch und Erde. In diesem Sinne ist das Wesen des Christentums *Christus selbst*.

Diese kosmisch-göttliche Wesenheit als zentrale Wesenheit des Sonnensystems und als Wesen der Liebe ist laut Rudolf Steiner in die Erde eingedrungen, um die Erde als Kosmos der Weisheit zu verwandeln in einen Kosmos der Liebe. Was Christus ist und was er durch sein Wirken jedem Menschen ermöglicht: das ist das Wesen des Christentums. In diesem Sinne ist es das Wesen des Menschentums schlechthin.

Warum spricht man vom Christus-Impuls?

Wenn wir unseren Blick hinwenden auf die Christus-Wesenheit selbst, können wir die Frage stellen: Wer ist Christus? Rudolf Steiner spricht oft vom Christus-Wirken als vom Christus-*Impuls*. Viele finden das befremdend und fragen sich: warum dieses Unpersönliche? Dies ist bei Rudolf Steiner etwas ganz Wichtiges. Mit dem Ausdruck «Impuls» will er sagen, daß wir unmöglich das Christus-Ereignis erfassen können, wenn wir uns vorstellen, daß die Christus-Wesenheit bloß auf menschlich-persönliche Weise wirken würde. Dazu äußert sich Rudolf Steiner im Vortrag vom 17. April 1912 (GA 143):

«Aber das Christentum sieht nicht auf den Christus als auf eine Persönlichkeit, als auf den Stifter eines abstrakten Religionssystems. In unserer Zeit stiftet ein Religionsstifter nach den Anforderungen unserer Zeit nur Unfrieden. Nicht von einer Persönlichkeit geht die christliche Initiation aus, sondern von einer Tatsache, einem unpersönlichen Götterakt, der sich vor den Augen der Menschen abgespielt hat.»

In diesem Sinne nennt Rudolf Steiner oft das Mysterium von Golgatha eine «Götterangelegenheit», ein kosmisches Geschehen in der Welt der Hierarchien, dem die Menschen zunächst zuschauen durften, weil es auch seine menschlich-geschichtliche Seite hatte.

So haben wir es zu tun mit einem *Impuls*, das heißt mit einem umfassenden Natur- und Menschheitsgeschehen, mit einer Wirkungsweise, die das Eintreten von kosmischen Kräften in die Gesamtwirklichkeit der Erde darstellt. Das Mysterium von Golgatha ist eine mystische *Tatsache* im Sinne von einem durchgreifenden Naturgeschehen. Die Reichweite und die Natur der Wirkungsweise einer menschlichen Persönlichkeit auf der jetzigen Stufe der Entwicklung ist etwas unendlich Begrenzteres als die kosmisch-irdische Wirkung des Christus-Ereignisses.

Wenn wir diesen Impulscharakter richtig erfassen, können wir auch besser den prinzipiellen Unterschied verstehen, der zwischen dem so verstandenen Christentum und allen vorchristlichen Religionen besteht. Diese waren alle Religionen des *Vater*gottes. Die Religionsstifter waren – wenn auch sehr weit entwickelte – *menschliche* Persönlichkeiten. In jeder Religion äußerte sich eine besondere Art und Weise, wie die Menschen die «Rückbindung» mit der geistigen Welt gesucht haben. (Religio, vom lat. religare, heißt Rückverbindung.) Im selben Vortrag sagt Rudolf Steiner:

«Das ist der Grundunterschied zwischen dem Christentum und den anderen Religionen: Dasjenige, was das Initiationsprinzip, das zum Christus führt, als Aufgabe hat in der Welt, ist verschieden von den Kulturen, die von den anderen Religionsprinzipien ausgegangen sind. Das, was das christliche Initiationsprinzip als Aufgabe innerhalb der Weltenmission hat, ging aus von einer Tatsache, von einem Geschehnis, nicht von einer Persönlichkeit. … Man kann ja einen einzigen Satz hinstellen … dann hat man, obwohl äußerlich, charakterisiert den Ausgangspunkt des esoterischen Christentums, der christlichen Initiation: Es ist der Tod, der in der Vereinigung des Christus mit dem Jesus von Nazareth erlebt worden ist. Die Tatsache jenes Todes, die wir nennen das Mysterium von Golgatha, ist das, was aus dem Prinzip der christlichen Initiation verstanden werden soll.»

Diese vorchristlichen Religionen – die *Religionen* im eigentlichen Sinn des Wortes – waren wohl nicht nur Menschenwerk. Es war die Gottheit, die durch diese menschlichen Religionsstifter die Menschheit führte. Es waren göttliche Impulse, die gegeben wurden, unterschiedlich je nach Volk oder Kulturperiode. Die Wirkungsweise des Göttlichen war aber überall die des *Vater*gottes. Wesentlich für dieses Wirken ist die Tatsache, daß *auch im Menschen* zunächst nur notwendiges Naturwirken – als Wirken des göttlichen Vaters – vorhanden ist und noch keine eigene Freiheit. Auch wo von einer Trinität die Rede ist, wird sie verstanden und erlebt wie eine dreifache Qualität des *Vater*gottes. So ist zum Beispiel im Hinduismus die göttliche Trinität von Brahma (dem Schöpfer), Vishnu (dem Erhalter) und Shiva (dem Zerstörer) christlich gesehen eine Trinität des *Vater*wirkens. Die göttliche Allmacht schafft, erhält und zerstört alle Dinge. In dieser dreifachen Allmacht Gottes ist auch der Mensch ganz eingebettet.

Vom Gottes*sohn* wurde nur in den Mysterien gesprochen – als von einem Zukünftigen, der die Menschheit «erlösen» würde. Dies bedeutet, daß das eigentliche Werk der «Erlösung» nicht dem Vatergott zugeschrieben wurde. Das Vaterwirken wurde erlebt lediglich als Gnade, als Führung von außen, ja als Führung, die im Sinne einer Naturnotwendigkeit wirkt, in der der Mensch eingebettet ist und der er sich fügt. Der Mensch überließ alles der göttlichen Gnade und erwartete alles von ihr. Alles Eigene oder Eigenständige wurde sogar als Sünde erlebt. Das göttliche Wirken wurde ganz und gar nach dem Muster des Naturwirkens aufgefaßt.

Was durch das Eintreten des göttlichen *Sohnes* in die Erde als ein ganz neues entsteht – was als «Euangelion», als «gute Nachricht aus der Hierarchienwelt» gilt –, ist die Ermöglichung der *Freiheit* des Menschen als Erfüllung des Vaterwirkens. Dies ist in der Entwicklung etwas ganz Neues. Religion war vor Christus immer verstanden worden als ein *Zurück* zum göttlich-väterlichen Schoß, *zurück* zum Anfang, zum Urparadies. Das Christus-Wesen bringt und ermöglicht die *umgekehrte* Herausforderung auf die *Zukunft* hin: die Welt des Vaters zu verwandeln durch die Übung der Freiheit. Diese absolute Umkehr des Väterlich-Naturnotwendigen durch den Freiheitsimpuls des Sohnes kennen die vorchristlichen Religionen nicht. Sie können sie auch nicht kennen, weil die Christus-Wesenheit noch nicht endgültig in die Erde eingetreten war. Im Vortrag vom 11. September 1924 (GA 346) sagt Rudolf Steiner:

«Würde man *nur* [nicht «*nun*», P. A.] vom Vatergott sprechen, so würde man berechtigt sein, … überall zu sprechen von Naturwirkungen, die zugleich Geistwirkungen sind, denn in den Naturwirkungen sind ja überall Geistwirkungen enthalten. Unsere Naturwissenschaft, wie sie vor einiger Zeit entstanden ist und wie sie heute wirkt, ist ja nur eine einseitige Wissenschaft vom Vater. Dazu kommen muß die Wissenschaft vom Sohne, vom Christus, *die* Wissenschaft, die sich darauf bezieht, wie sich der Mensch selber ergreift, wie der Mensch einen Impuls erhält, den er nur durch die Seele aufnehmen kann und der nicht aus den Vererbungskräften kommt. Daß der Mensch sich da hinein lebt, ist zunächst ohne Gesetzmäßigkeit, ohne Gesetzeskraft und -wirksamkeit. Die Wirksamkeit wird ihm hereingebracht durch den Geist, so daß wir im Sinne der alten Mysterien zwei Reiche haben: das Reich der Natur, also das Reich des Vaters, und das Reich des Geistes; und der Mensch wird hineingetragen aus dem Reich der Natur in das Reich des Geistes durch den Sohn, durch den Christus. …
Alle die Fragen, die sich an das Abendmahl anlehnen, entspringen ja daraus, daß man sich eigentlich sagt: Wie kann dasjenige, was sich in der Transsubstantiation vollzieht, so erfaßt werden, daß man es vereinigen kann mit dem, was man in dem Wirken des Vaters in der Evolution und in dem Wirken des Geistes in den Naturgesetzen hat? Nicht die Wunderfrage kommt dabei in Betracht, sondern die Frage des Sakramentalismus, die auf etwas ganz anderes hinausgeht als auf die triviale Wunderfrage. … Dasjenige kommt in Betracht, daß in der Tat in der Welt gedacht werden muß die Ordnung des Vaters und die Ordnung des Geistes; und dazwischen steht der Sohn, der das Reich der

Natur in das Reich des Geistes innerhalb der Menschen-
welt hinaufhebt.»

Das zweitausendjährige Ringen

Das traditionelle Christentum ist ein zweitausendjähri-
ges Ringen mit dem Mysterium der «Wende» der Entwicklung. Der göttliche Sohn war gekommen, um
jedem Menschen den heiligen – heilsamen – Geist der
Freiheit zu ermöglichen, um die ewige Wandlung des
Naturnotwendigen in das Freiheitliche zu inaugurieren. Diese Botschaft ist so «unglaublich», daß sie
zunächst kaum verstanden werden konnte. So entstand
die Aufforderung, man solle sie «glauben». Wie kann
man aber das «glauben», was in der Freiheit *vollbracht*
werden will? Es stellt sich die Frage: Woran wurde
denn geglaubt? An ein Christus-Wirken, das im
Grunde genommen wieder so verstanden wurde wie
das Vaterwirken? Oder keimte vielleicht hier oder
dort die Ahnung, daß mit dem Wirken des Gottessoh-
nes die *Umkehrung* des Vaterwirkens durch die Aufforderung zur Menschenfreiheit gemeint ist?

Auf diese Weise können wir das traditionelle Christentum des «Glaubens» besser verstehen. Die Geisteswissenschaft Rudolf Steiners ist niemals dazu da,
um das Vergangene zu kritisieren, sondern es in seiner
Entwicklungsnotwendigkeit zu verstehen. (Dieser
Charakter der Notwendigkeit gilt allerdings nur für das
schon Geschehene!) Das Einbrechen des Weltensoh-

nes in die Erde bedeutete, wie gesagt, den Anfang einer umfassenden *Wende* in der Entwicklung. Durch das Mysterium von Golgatha wird das Werk der menschlichen Freiheit ermöglicht. Die volle Verwirklichung dieser Freiheit – die Erlösung und Durchgeistigung der Vaterwelt: der Steine, der Pflanzen, der Tiere – wird aber die ganze zweite Hälfte der Entwicklung in Anspruch nehmen, bis die Erde in eine «neue Erde» verwandelt sein wird. Wir sind wirklich – auch heute – noch ganz am Anfang...

Die Wende, die Christus seit dem Mysterium von Golgatha jedem Menschen ermöglicht, kann der Mensch nur vollziehen, wenn er sie zunächst *im Denken* immer klarer erfaßt. Denn es geht um das Ergreifen der Freiheit, und Freiheit setzt das eigene Denken voraus. Dies bedeutet wiederum, daß Christus diese Denkkräfte in der Menschheit nicht voraussetzen durfte, sondern *sie auch* erst ermöglichen mußte. So besteht das Wesen des vergangenen Christentums darin, daß Christus in den Tiefen der Menschen dahin gewirkt hat, daß die Denkkräfte immer weiter erstarken durften. In unserer Zeit fangen die Menschen erst an, zu *verstehen,* was es heißt, daß die Entwicklung unter der Regie des Vaters umgekehrt werden will durch das Werk der Freiheit. Dank dem Christus-Ereignis und dem fortwährenden Christus-Wirken sind alle Bedingungen erfüllt, die den Menschen instandsetzen, das Naturnotwendige zu verwandeln in die denkerische Erfahrung einer neuen geistigen Schöpfung.

So stellt die Geisteswissenschaft Rudolf Steiners den

Anfang eines Christentums der immer klarer werden-
den *Erkenntnis* dar.

Wenn wir nun das Christus-Ereignis selbst näher betrachten, so müssen wir wiederum klar unterscheiden
zwischen dem Menschen Jesus von Nazareth als dem
Christus-Träger und der Christus-Wesenheit selbst als
kosmischem Sohn des göttlichen Vaters.

*Jesus von Nazareth – die wesenhaft gewordene Reli-
gion der Menschheit*

Jesus von Nazareth war eine menschliche Individualität, die in sich alle Religionswege der Menschheit wesenhaft zusammenfaßte. Es war – so schildert Rudolf
Steiner – die Individualität des Zarathustra, die sich im
zwölften Jahre mit der Buddha-Strömung verband,
von der im Lukas-Evangelium die Rede ist. Wir haben
in der Menschheit vor Christus im wesentlichen diese
zwei religiösen Strömungen: die Zarathustra-Strö-
mung und die Buddha-Strömung. Die Zarathustra-
Strömung ist die Strömung des Baumes der Erkenntnis, das heißt der irdischen Erfahrung der Menschheit,
des Sündenfalls, der vielen Verkörperungen. Die Buddha-Strömung ist die Strömung des Baumes des Lebens, die Strömung der Menschheit, soweit sie in der
geistigen Substanz des höheren Ich noch göttlich-para-
diesisch unschuldig geblieben war. Diese Unschuld-
seele der Menschheit inkarniert sich zum erstenmal im
nathanischen Jesus des Lukas. Mit diesem Jesus ver-

bindet sich geistig der Buddha. Der Baum des Lebens und der Baum der Erkenntnis müssen sich auf der Erde wieder vereinigen, so wie sie im Paradiese vereinigt waren. Rudolf Steiner sagt dazu im Vortrag vom 19. September 1909 (GA 114):

«So sehen wir im Konkreten den Zusammenfluß des Buddhismus und des Zarathustrismus. Denn jener Leib, in dem die reife Ich-Seele des Zarathustra war, konnte das in sich aufnehmen und mit sich vereinigen, was dadurch geworden war, daß der Nirmanakaya des Buddha die abgegebene astralische Mutterhülle des nathanischen Jesus aufgenommen hatte. So sehen wir jetzt eine Individualität heranwachsen in dem Jesus von Nazareth, die in sich trägt die Ichheit des Zarathustra, welche bestrahlt und durchgeistigt ist von dem verjüngten Nirmanakaya des Buddha. Was der Zusammenfluß des Buddhismus und des Zarathustrismus ist, das sehen wir in der Seele des Jesus von Nazareth auf diese Art leben. Da auch der Joseph aus der nathanischen Linie starb, und zwar verhältnismäßig früh, so ist eigentlich in Wahrheit das Zarathustra-Kind ein Waisenkind; es fühlt sich verwaist, es ist nicht das, was es seiner leiblichen Abstammung nach ist. Es ist dem Geiste nach der wiedererstandene Zarathustra. Der leiblichen Abstammung nach ist sein Vater der Joseph der nathanischen Linie, und der äußeren Anschauung nach mußte es die Welt dafür halten. Lukas erzählt es uns genau, und wir müssen seine Worte genau nehmen: ... ‹... und ward gehalten für einen Sohn Josephs› (Luk. 3,23).»

Zarathustra hatte seinen Ätherleib Moses geopfert, um die Kulturströmung des Judentums zu inaugurieren. Seinen Astralleib hatte er dem Hermes verliehen, um die ägyptische Kultur zu stiften. Alle diese Teilimpulse mündeten in das Opfer seines Ich, um dem Christus-Wesen selbst Platz zu machen. Hier kann ich nur zusammenfassen, was Rudolf Steiner in den Vortragszyklen über das Matthäus- und das Lukas-Evangelium ausgeführt hat (GA 123 und 114). Wo diese zwei dann im zwölften Lebensjahr eins werden, haben wir in Jesus von Nazareth zusammengefaßt alles dasjenige, was die Menschheit durch ihre religiösen Wege dem Göttlichen als Aspiration zur Erlösung entgegenbringt.

In den Vorträgen über «Das Fünfte Evangelium» (GA 148) schildert Rudolf Steiner, auf welche Weise vom 12. zum 30. Lebensjahr Jesus von Nazareth die Erfahrung des Judentums, des Heidentums, des Essäertums macht. Die Aussichtslosigkeit des Abstieges der Menschheit wird in ihm zu unendlichem Schmerz, der sich verwandelt in die größte Kraft der Liebe und des Opfers. Dies ist die geistig-reale Art und Weise, wie alle Religionsströmungen in das Christus-Ereignis hinein münden. Jesus von Nazareth ist wie die wesenhaft gewordene Menschheitserfahrung des Sündenfalls, die sich nach Erlösung sehnt. Der künftige Christus-Träger repräsentiert uns alle, weil in ihn alles zusammenströmt, was als große Frage der Erlösung dem Göttlichen entgegengebracht wird.

So war es möglich für das Christus-Wesen, für das Wesen der Liebe, dieser Menschheitsschale so entgegenzukommen, sie so zu füllen, daß drei Jahre lang der Christus-Impuls durch das Nadelöhr der Leiblichkeit des Jesus von Nazareth die mystische Tatsache des Mysteriums von Golgatha vollbracht hat und in die Gesamtleiblichkeit der Erde eingetreten ist.

Der Sündenfall – keine «Sünde»

Der Abstieg in die Materie, der «Fall in die Sonderung» («Sündenfall», denn «Sünde» kommt von «sondern»), war notwendig. Die immer wesenhaftere Verbindung mit der Materie war die Voraussetzung für die Individualisierung des Menschen. In der Scholastik heißt es: materia principium individuationis, die Materie ist das Prinzip der Individualisierung. Die Darstellung des Sündenfalls als «Sünde», als ein moralisch Böses, ist ein großes Mißverständnis und entspricht einer falschen Moralisierung. Denn damit wäre gemeint, daß es besser gewesen wäre, wenn der Sündenfall nicht geschehen wäre. Dadurch würde man aber die ganze Entwicklung aufheben. Der «Sündenfall» ist erst die Voraussetzung der individuellen Selbständigkeit. Erst durch den Sündenfall entsteht die Möglichkeit der individuellen Erkenntnis des Guten und des Bösen und erst als Folge die Möglichkeit, das Gute und das Böse zu tun.

So muß man sagen: Der Sündenfall ist weder «gut» noch «böse», sondern die Bedingung für die Möglichkeit beider. Die Verpönung des Sündenfalls käme somit einer Verpönung der Freiheit gleich. Die großen Mythen aller Kulturen sprechen von diesem Mysterium der Sonderung, der Zergliederung und Zersplitterung der Menschheit durch die Verbindung mit der Materie. So wird der Leib des Osiris, so wird der Leib des Dionysos «zerstückelt», und jede heutige Individualität ist wie ein Atom der ursprünglich einheitlichen Menschheit.

Die erste Hälfte der Entwicklung – der Hingang – war dazu da, den *Egoismus* der Sonderung, das heißt der Individualisierung zu erzeugen. Die zweite Hälfte – der Rückgang, die Erlösung – besteht darin, daß durch die Kraft der Liebe eine Wiedereingliederung aller Menschen ineinander geschieht, wodurch die Individualität nicht verlorengeht, sondern ihre letzte Vollendung findet. Durch diese Wiedereingliederung wird der «geistige Leib Christi» auferbaut, worin jeder Mensch ein Glied ist. Darin besteht die Erlösung der Menschheit. Um dieses zu ermöglichen, ist Christus in die Erde gekommen.

Das Wesen des Sündenfalls wird von Rudolf Steiner im Vortrag «Wie finde ich den Christus?» (16. Oktober 1918, GA 182) so charakterisiert: Die Seele des Menschen war im Laufe der Entwicklung «leibverwandter» geworden, als es für den Menschen gut ist. Das heißt, daß die Materie immer kräftiger, immer zwingender auf den Menschen einwirkte. Die Erbsünde bestand darin, daß der Mensch als «gefallener» Mensch eine Geistigkeit erlebte, die ganz entscheidend beeinflußt wurde von der Schwerkraft der leiblichen Notwendigkeit. In seinem Denken und Fühlen, in seinen Willensimpulsen wurde der Mensch immer wesentlicher von der Leiblichkeit abhängig, angefangen von den Sinneswahrnehmungen, die leibbedingt sind.

Das Wesen der Erlösung wird dann so zusammengefaßt, daß Christus durch sein Gesamtwirken in der Erde die Seele des Menschen um so «geistverwandter» macht. Er verwandelt alle Kräfte der Erde so, daß ihnen das Zwingende genommen wird. Der Mensch vermag in dem Maße, wie er sich innerlich mit Christus verbindet, an diesen Kräften der Überwindung teilzuhaben. Er muß das nicht tun, aber er kann es. Darin besteht das Wesen der Freiheit: durch eigene Kraft das Naturnotwendige zu überwinden.

Dies geschieht zum Beispiel im Denken so, daß durch das Schöpferische des tätigen Denkens das Kraften des Lebendig-Physiologischen zurückgedämmt und das freie Denken selbst an ihren Platz gesetzt wird (vgl. «Die Philosophie der Freiheit», Anfang des 9. Kapitels). Wenn der Mensch seine Freiheit wirklich in Anspruch nimmt, wenn er den moralischen Mut aufbringt, daran fest zu «glauben», daß es möglich ist, gegen das Naturnotwendige, das sich summiert in seiner Leiblichkeit, anzukommen, dann staunt er immer wieder, daß die Überwindung gelingt, daß es wirklich möglich ist: «Das Unzulängliche, hier wird's Ereignis [Erreichnis?].» Er kann wirklich die Erfahrung machen, daß seine Seele um so geistverwandter wird, dank der Liebestat des Christus-Wesens, als sie durch den Sündenfall leibverwandt werden mußte. Diese Geistverwandtschaft der Seele ist die Erfahrung der Freiheit. Das Naturnotwendige wird in ein «Freiwendiges» verwandelt. Dieses geschieht zunächst im Denken, aber durch das Denken gießt es sich dann hinein in den Willen. So erlebt der Mensch die Erlösung durch Christus.

Das Mysterium von Golgatha –
Erlösung von Erde und Mensch

Was ist nun mit dem Mysterium von Golgatha selbst gemeint? Was ist durch den Tod und die Auferstehung Christi real geschehen? Wir können hier ein zweifaches unterscheiden. Es gibt nach Rudolf Steiner ein Mysterium des Blutes und ein Mysterium des Leibes. In den Stunden, als beim Sterben am Kreuz das Blut von den Wunden des Erlösers floß und die Erde tränkte, wurde das Egoistische im Blute des Menschen überwunden. Der Egoismus wurde durch die Kraft der Liebe so geläutert, daß eine Ätherisation des Blutes erfolgte. Es formte sich eine leuchtende ätherische Liebesaura um die ganze Erde herum.

In dieser mächtigen Ätheraura der Liebeskräfte des Christus-Wesens lebt seit der Zeitenwende jeder Mensch, ob er davon weiß oder nicht. Er kommt immer wieder auf die Erde, um zu lernen, bewußt in dieser Aura zu leben. Wir können das Mysterium von Golgatha als das ökologische «Urphänomen» auffassen in dem Sinne, den Goethe diesem Wort gegeben hat. Durch seinen Tod und durch die Auferstehung zeigt uns das Wesen der Liebe, wie der Mensch mit der Erde und mit dem Leiblichen überhaupt umgehen dürfte.

Christus sagt zur Erde: «Dies ist mein Leib». Dadurch faßt er den Liebesentschluß, die Erde zu durchdringen und mitzuerlösen. Wenn der Mensch anfangen wird, die ätherische Aura der Erde wahrzunehmen, wird er auch in dieser Aura Christus in ätherischer Gestalt als Herrn des Karma wahrnehmen. Darauf bezieht sich Rudolf Steiner im Vortrag vom 2. Dezember 1911 (GA 130), wo er ausführt, daß die Menschen anfangen werden, imaginativ wie in einem Traumbild den karmischen Ausgleich ihrer Taten zu schauen:

«Was so gesagt ist über eine Art Wahrnehmung des Karma, das tritt noch dadurch in der kommenden Menschheit hervor, daß einem in solchem Schauen direkt entgegentritt da oder dort die ätherische Christus-Gestalt, der wirkliche Christus, wie er auf dem astralischen Plane lebt, wie er zwar nicht im physischen Leibe sich verkörpert, wie er aber auf der Erde auftritt, sichtbar für die neuerwachten Fähigkeiten der Menschen als Ratgeber, als Beschützer der Menschen, die Rat oder Hilfe oder Trost brauchen in der Einsamkeit ihres Lebens. Da werden die Zeiten kommen, wo die Menschen, sagen wir, sich durch das oder jenes betrübt und elend fühlen werden. Die Zeiten werden immer mehr und mehr solche werden, wo weniger Bedeutung und Wert haben wird das, was Hilfe des einen Menschen für den anderen ist, weil die Individualitätskraft, das individuelle Leben des Menschen immer mehr und mehr zunimmt, wo immer weniger wird, wie das in den alten Zeiten unmittelbar der Fall war, daß der eine Mensch in die Seele des anderen helfend hineinwirken könne. Dafür aber wird der große Ratgeber als Äthergestalt da und dort erscheinen. …

Der Christus erscheint auf der Erde in seinem Richteramt, gleichsam gegenüber dem leidenden Christus von Golgatha als der triumphierende Christus, als der Herr des Karma, der schon vorausgeahnt worden ist von denjenigen, die den Christus des jüngsten Gerichts gemalt haben. … In Wahrheit ist das etwas, was in dem 20. Jahrhundert beginnt und durchgeht bis zu dem Erdenende. Das Gericht beginnt von unserem 20. Jahrhundert ab, das heißt die Ordnung des Karma.»

Neben diesem Mysterium des Blutes beim Sterben des Christus ereignet sich das Mysterium des Leibes durch die Grablegung und die Auferstehung. Die Materie des Leibes – die materielle Füllung – wird durch ein Erdbeben in einen Spalt der Erde aufgenommen. Die Erde «bebt» tatsächlich und frohlockt, indem sie die Kommunion des Leibes als Pfand ihrer Erlösung empfängt.

Der geisteswissenschaftliche Begriff des Mysteriums von Golgatha ist der einer vollkommenen Entsprechung von moralischem Wirken und Naturgeschehen. Naturordnung und moralische Ordnung werden hier zu *einer* Ordnung. Das moralische Schaffen des Christus-Wesens ist zugleich und gleichzeitig ein Schaffen oder Verwandeln der Natur.

In der ersten Hälfte der Entwicklung haben sich diese zwei Reiche allmählich voneinander getrennt, um die Freiheit des Menschen zu ermöglichen. Dank der Tatsache, daß das Moralische oder Unmoralische des heutigen Menschen nicht direkt und gleichzeitig die Natur auferbaut oder verdirbt, fühlt sich der Mensch frei. («Gedanken sind zollfrei.»)

Die Sehnsucht aller Materie aber ist, erlöst zu werden von der Verbannung in die fixe und starre Form, um wieder zerstäuben zu dürfen im Weltenall und als Substrat zu dienen für neue Weltenschöpfungen. Dem Menschen zuliebe haben unendliche Naturwesen das Opfer dargebracht, in die starre Form sich verbannen zu lassen. Sie haben es getan, um dem Menschen die *Wahrnehmung* zu ermöglichen. Die Wahrnehmbarkeit der Welt ist die Denkbarkeit der Welt: eine Gnade ohnegleichen, diese unendliche Freiheitsaufgabe des Denkens!

Der wahre physische Leib ist ein übersinnliches Kraftgebilde. Die Materie, die wir da sehen und die den Leib sichtbar macht, ist lediglich die materielle Füllung. Wenn wir ein magnetisches Feld haben, so ist es auch zunächst nicht sichtbar und wird zum Beispiel durch Eisenfeilspäne sichtbar gemacht. Das ursprüngliche Formgebilde des Menschenleibes ist dasjenige, was Rudolf Steiner mit einem Fachausdruck das «Phantom» nennt. Dieses Phantom auferstand aus dem Grabe, und seine Formkräfte waren durch die Tat Christi ganz wiederhergestellt. Denn durch das eigene Gesetz der materiellen Füllung waren diese übersinnlichen Formkräfte und Formgebilde immer mehr in die Verzerrung hineingebracht worden. Wenn die Erlösung nicht erfolgt wäre, hätte der Mensch im Laufe der Zeit bei der Geburt nicht mehr vermocht, eine menschengemäße Leibesform aufzubauen.

Das Mysterium des Auferstehungsleibes – des Phantoms – ist das Gesamtmysterium jeder Form und Metamorphose. Es enthält die Gesamtaufgabe des Menschendenkens, dem die Denkinhalte zunächst – dank der materiellen Füllung – von der Seite der wahrnehmbaren Formen dargeboten werden. «Das Wort ist Fleisch geworden» bedeutet: Das Weltenwort zeigt sich uns von der Seite der Wahrnehmung, um uns die Möglichkeit zu geben, durch das schöpferische Denken die Auferstehung des Fleisches zu verwirklichen. Die Erde als Leib des Logos wird durch das Denken zum geistigen Leib des Menschen gemacht. Das fleischgewordene Wort feiert eine Auferstehung des Fleisches und wird durch die menschliche Denkliebe wiederum zum Wort.

Die «Verbannung» aller Kreatur in die wahrnehmbare Form hinein wird in den Märchen als Verwünschung dargestellt. Die Sehnsucht aller Kreatur ist, erlöst zu werden von ihrer vergänglichen Form. So darf der Mensch sich freuen, daß die Erde daran ist, zu zerstäuben. Das darf wohl nicht zu früh und zu schnell, aber auch nicht zu langsam und zu spät geschehen. Er darf wünschen, daß «Himmel und Erde vergehen». Da freut sich jede Kreatur, die Form der Vergänglichkeit nicht mehr nötig zu haben, die sie dem Menschen zuliebe angenommen hat, da sich das kosmische Opfer der Liebe in der Freiheit des Menschen erfüllt.

Durch das Menschendenken vermögen alle Dinge in den Menschengeist hinein wesenhaft aufzuerstehen. Diese Menschwerdung ist die Erfüllung der Sehnsucht der ganzen Schöpfung, so wie die Durchchristung die Erfüllung der Sehnsucht des Menschen ist. Was aus dem Erdengrabe im Menschendenken als neue Schöpfung fortwährend aufersteht, ist das geistig-wesenhafte «Phantom», das reale geistige Wesen aller Dinge. Die Phantomleiblichkeit des auferstandenen Wesens der Liebe enthält alle Formkräfte und Formgebilde der Erdenentwicklung, die dem Menschen als unendliche Freiheitsaufgabe des intuitiven Denkens dargeboten werden.

So haben wir seit dem Christus-Ereignis eine zweifache Christus-Aura um die Erde herum als das Wesen des Christus-*Impulses*. Die eine Aura ist seine ätherische Liebesaura, wo alle möglichen moralischen Intuitionen der Liebe enthalten sind, die die Menschen werden fassen können. Die moralische Phantasie der Liebe Christi ist eine kosmisch-umfassende. Durch die allumfassende Phantasie seiner Liebe hat er die moralische Intuition der vollendeten Erlösung von Menschheit und Erde gefaßt. Alle unsere möglichen moralischen Intuitionen sind darin enthalten.

Die zweite Aura ist die Phantom-Aura, in der alle möglichen Erkenntnis-Intuitionen enthalten sind als Aufgaben des Menschendenkens. Diese zwei Auren entsprechen den zwei Teilen der «Philosophie der Freiheit» Rudolf Steiners. Im ersten Teil geht es um die Erkenntnis-Intuitionen, wo das reine Formgesetz aller Dinge als Logos-Inhalt des «Gedanken-Monismus» der Welt erfaßt wird. Im zweiten Teil geht es um die moralischen Intuitionen, wodurch der Mensch liebevoll lernt, durch das Ernstnehmen des Karma die Wiedereingliederung aller Menschen ineinander und das Auferbauen des geistigen Leibes Christi als übersinnlichen Organismus der Menschheit und als Auferstehung aller Kreatur im Menschen zu vollbringen.

Kernsätze des Christentums – grundsätzlich

Erst wenn wir das Christus-Mysterium als *Wende* der Entwicklung auffassen, werden die wichtigsten Kernsätze des traditionellen Christentums verständlich. Einer dieser Kernsätze lautet: Der Vater sendet den Sohn; der Vater *und der Sohn* (filioque) senden den Heiligen Geist. Wenn wir dies anhand der «Philosophie der Freiheit» interpretieren, so bedeutet der Satz «Der Vater sendet den Sohn»: Der Sinn der Naturnotwendigkeit ist die Freiheit. Naturnotwendigkeit ist zugrunde gelegt worden, um dem Wesen der Freiheit, dem Menschen, die Gesamtbedingungen und zugleich die Gesamtaufgabe der Freiheit zu ermöglichen. Denn menschliche Freiheit wird dadurch erlebt, daß durch das Denken das Naturnotwendige – das Wahrnehmbare – so durchdrungen wird, daß es verwandelt wird in die denkerische Substanz des Wesens der Freiheit selbst.

Die Welt des Vaters ist die physisch-mineralische Welt, die Welt des Naturnotwendigen und des Wahrnehmbaren. Die höchste Gottheit, der Vater, durchdringt geistig die mineralischen Grundfesten des Daseins. In den alten Sprachen gibt es nur *ein* Wort für die Vatergottheit und für das Mineralisch-Tote: Lateinisch–griechisch: pater–petra, (Vater–Stein); im Hebräischen ist «Av» der Vater und «Even» der Stein. Indem der Vater, der das Mineralisch-Tote durchdringt, den Sohn sendet, macht das Naturnotwendige dem Wesen der Freiheit Platz. Der Vater *sendet* den Sohn, er will ihn senden: Naturnotwendigkeit ist nicht dazu da, um das Wesen der Freiheit zu verhindern, sondern um es zu ermöglichen. Alle Kreatur *sehnt sich* nach dem Wesen der Freiheit.

Der Sinn dessen, daß wir in einer Vaterwelt, in einer

Welt des Naturnotwendigen leben, ist, daß dieses fleischgewordene Wort darauf wartet, daß der Mensch durch es die Gesamtaufgabe der Freiheit erfüllt. Der Mensch soll verstehen, daß seine Aufgabe darin besteht, aus der Intuition des Denkens heraus das fleischgewordene Wort wiederum auferstehen zu lassen. Das Naturnotwendige (das «Fleisch») aufersteht in das Worthaft-Sinnvolle des Menschendenkens hinein. Dadurch, daß der Heilige Geist, das heißt die Erfahrung der individuellen Freiheit im Denken, nicht nur vom Vater, sondern *auch vom Sohn* gesandt wird, haben wir im Menschen nicht eine passive Widerspiegelung des Vatergeistes, sondern eine durch den Sohn erneuerte und verwandelte Geistigkeit. Diese Geistigkeit ist selbst göttlich und schöpferisch – nach dem Satz Christi im Johannes-Evangelium: «Ihr seid Götter» (Joh. 10,34).

Ein anderer wichtiger Satz des Christentums befindet sich im Johannes-Evangelium (14,12), wo gesagt wird: «Wer an mich glaubt, der wird die Werke auch tun, die ich tue, und er wird noch größere tun, denn ich gehe zum Vater.» Dieser Satz hat den Theologen immer Kopfzerbrechen bereitet. In unserem Zusammenhang wird aber seine zentrale Bedeutung verständlich. Christus äußert diese Worte während der Abschiedsreden, wo er selbst noch nicht die Erfahrung des Sterbens – des «Gehens zum Vater» – gemacht hat. Die «kleineren Werke» der Entwicklung waren vor der Wende, die jetzt bevorsteht. Es waren die Werke der Angst und des Unvermögens des Menschengeistes der physisch-materiellen Welt gegenüber. Man wollte die Erde und die Materie als Ort der «Sünde», das heißt der Niederlage des Menschen, nur verlassen, um zum Geistigen zurückzukehren.

Die Entscheidung Christi, «zum Vater zu gehen», ist die Entscheidung, in den Tod zu gehen. In den Vorträgen «Das Johannes-Evangelium im Verhältnis zu den drei anderen Evangelien», die Rudolf Steiner 1909 in Kassel gehalten hat (GA 112), wird ausgeführt, daß der okkulte Name des Vaters der Tod ist. Da, im Toten, im Mineralischen west der Vater. Christus verbindet sich mit der Leiblichkeit der Erde und inauguriert dadurch die «größeren Werke» der Entwicklung. Seit dem Tode Christi will der Mensch die Erde nicht mehr fliehen, fürchtet er sich nicht mehr vor der Materie. Es beginnt das opus magnum, das «große Werk» der Verwandlung der Materie durch den Menschengeist. Christentum ist Liebe des Geistes zur Materie. Durch diese Liebe wird die ganze Schöpfung verklärt und vermenschlicht.

Die christliche Trinität – ganz anders

Die christliche Trinität in ihrem wesentlichen Unterschied zur göttlichen Trinität in den vorchristlichen Religionen wird nur verstanden durch die wesenhafte Erfahrung der menschlichen Freiheit. Die Welt des Vaters ist die Welt der äußerlichen Bedingungen der Freiheit. Das Wirken des Sohnes verleiht dem Men-

36

schen das innere Freiheitsvermögen. Es gibt keine größere Liebe, als dem geliebten Wesen Freiheit, das heißt geistige Autonomie zu ermöglichen. Jede Menschenseele ist dank dem Wirken Christi Freiheitsvermögen, Freiheitspotentialität. Aber Vermögen ist noch nicht Verwirklichung. Die aristotelisch-thomistische Unterscheidung zwischen Vermögen und Verwirklichung ist eine denkbar wichtige.

Christus kann uns nicht die Freiheit schenken, er kann nicht selber in uns Freiheit bewirken. Die Erfahrung der Freiheit ist eine *menschliche* nur dadurch, daß sie zur eigenen intuitiven Schöpfung *des Menschen selbst* wird, so wie sie nur im tätigen Denken möglich ist. Freiheit kann von außen nur möglich gemacht werden. Deswegen muß das dritte noch hinzukommen: die Erfahrung des Heiligen Geistes. Der Unterschied zwischen Seele und Geist ist so gewaltig und entscheidend – ganz wie der Unterschied zwischen Vermögen und Verwirklichung –, daß Christus den Aposteln sagt (Joh. 16, 7): «Es gehört zu eurer weiteren Entwicklung, daß ich fortgehe. Wenn ich nicht fortgehe, wird der Paraklet [der Tröster, der Heilige Geist] nicht zu euch kommen [und in euch sein]». Es darf nicht dabei bleiben, daß der Mensch alles von der Gnade Christi in passiver Haltung erwartet. Jede seelische Passivität muß *aufhören,* muß überwunden und zurückgelassen werden durch Aktivität des Geistes. Christus erleben und den heiligen Geist erleben *ist zweierlei.*

Christus will hier sagen: Passivität und Aktivität schließen sich gegenseitig aus. In der Erfahrung des

Heiligen Geistes wird jede Führung von außen aufgehoben. Diese Erfahrung wird jedesmal gemacht, wenn der Mensch sich erfaßt als Freiheitsvermögen in seiner Seele und durch Schöpfertum des Denkens die Freiheit des Geistes verwirklicht. Freiheitsvermögen (der Mensch als Seele) ist das Wirken des Sohnes; Freiheitsvollzug (der Mensch als Geist) ist die Erfahrung des Heiligen Geistes.

Nochmals zusammengefaßt: Das Wirken des Vaters ist die Herstellung der äußerlichen Gesamtbedingungen der Freiheit. Durch das Wirken des Sohnes werden die inneren Voraussetzungen verliehen, wodurch die Seele zum Freiheitsvermögen gemacht wird. Die Erfahrung des Heiligen Geistes ist die Verwirklichung der Freiheit, der Freiheitsvollzug. So verstehen wir die trinitarische Struktur des Daseins und des Weltgeschehens – Leib, Seele und Geist, wie dies in Rudolf Steiners «Theosophie» ausgeführt wird – aus der Erfahrung der Menschenfreiheit heraus. Hier haben wir den Sinn der ganzen Entwicklung: das Aufsteigen der Menschheit zur zehnten, göttlichen Hierarchie, zur «Hierarchie der Freiheit» (vgl. GA 110, Vortrag vom 18. April 1909). Die spezifisch *menschliche* Freiheit kennen die Hierarchien nicht, denn sie kennen die Überwindung und Verwandlung des Toten-Mineralischen nicht.

Diese trinitarische Struktur des Menschenkosmos kann auch immanent aus der Erfahrung der Freiheit selbst heraus erfaßt werden.

Es gehört zum Wesen der Freiheit, einerseits *versäumbar* und andererseits *erfüllbar* zu sein, denn zwischen diesen zwei Möglichkeiten ist immer die freie Wahl der menschlichen Freiheit. Die Welt, in die hinein die Freiheit die Möglichkeit haben *muß*, sich zu verlieren, ist die Welt des Vaters, des Freiheitslos-Notwendigen. Dem Menschen muß immer frei stehen, *aufzugehen* im Naturnotwendigen und sich als Freiheitswesen aufzugeben. Deswegen muß die Welt des Vaters *da* sein.

Die andere Wesenseigenschaft der Freiheit, ihre Erfüllbarkeit, verdankt jeder Mensch dem Wirken des Sohnes. In der Wahl zwischen Erfüllung und Versäumung der Freiheit erlebt der Mensch in sich den Heiligen Geist. Heilig wird er im Verwirklichen, unheilig im Versäumen der Freiheit.

Dieser Geist ist «heilig» in dem Sinne, daß er keine Verfügbarkeit von außen zuläßt. So kann die Sünde gegen den Heiligen Geist, gegen die eigene Freiheit, nicht von außen «vergeben» werden. Der Mensch, der «sündigt» gegen den eigenen Geist, der sich «sondert» von der schöpferischen Freiheit seines Geistes dadurch, daß er in die Triebhaftigkeit des Leiblichen hinein aufgeht, kann sie nur selbst wieder wollen und erlangen. Die großen Sünden gegen die Freiheit sind Unterlassungssünden. Die Betonung der Begehungssünden gehört zur vorfreiheitlichen Kindheitsstufe der Menschheitsentwicklung.

Das Wesen der Liebe ist gekommen, um die negative Moral – «du sollst nicht!» – in eine positive zu verwandeln: «du kannst», «du darfst», «du willst». Christus ist nicht gekommen, um zu gebieten oder zu verbieten, sondern um anzubieten: er bietet jedem Menschen die Freiheit an. Sein Angebot ist aber zunächst wieder als Gebot aufgefaßt worden: «Ich gebe euch ein neues Gebot, daß ihr einander liebt» (Joh. 13,34). Das griechische Wort, das hier mit «Gebot» übersetzt wird, ist ἐντολή (entolé). Es ist eine Abwandlung des Wortes τέλος (telos, Ziel) und geht zurück auf eine Verbalform (Wurzel TL, τελλω), die die immanent kraftende Zielgerichtetheit eines Wesens – besonders die Wachstums- und Metamorphosenkräfte des Pflanzlich-Lebendigen – ausdrückt. Liebe kann nicht ein «Gebot» sein, denn sie kann nur aus der Freiheit heraus entspringen. Der Satz Christi heißt in Wirklichkeit: Ich sage euch, auf welche Weise der Mensch in die Zielvollendung, in die Erfüllung seines Wesens hinein – εν, in – kommt: durch die Liebe. Nur Liebe, die Freiheit voraussetzt, kann den Menschen zu seinem Ziel, zu seiner Vollkommenheit bringen. Christus spricht von einem *neuen* «Gebot», aber die Liebe in Form eines Gebotes ist nicht neu. Die Liebe als *Angebot* ist aber neu: als unerschöpfliche Aufgabe der Freiheit.

Wenn wir die menschliche Freiheit aus der göttlichen *Liebe* verstehen wollen, gibt uns die Geisteswissenschaft dafür die notwendigen Grundlagen. Wenn der Weltenvater auch im Menschen allmächtig geblieben wäre, wenn er auch im Menschen alles selbst direkt bewirken würde, wäre Menschenfreiheit nicht möglich. So verzichtete der Vater auf Allmacht, was die Seele des Menschen betrifft, und teilte seine Macht mit Ahriman. In ähnlicher Weise verzichtete der Heilige Geist auf Allwissenheit: er will nicht von vornherein wissen, was der Mensch in seinem Denken, Fühlen und Wollen vollbringt. Er teilt seine Weisheit mit Luzifer. Im Menschen und dem Menschen zuliebe hat sich der Vater «machtlos und ohnmächtig» gemacht und der Heilige Geist «unwissend und töricht». So kann der Mensch selber frei entscheiden, was in seiner Innerlichkeit geschieht.

Das Wesen der Liebe, Christus, offenbart sich in der göttlichen Ohnmacht und Torheit, denn zu lieben heißt, zu verzichten auf die Verwaltung des anderen durch Macht und zu verzichten auf Besser-wissen-Wollen, was für den anderen gut ist. Im Wesen der Liebe – im Christus-Wesen – haben wir nicht eine Gottheit, die uns überwältigt und von außen bestimmt, nicht eine Gottheit, die alles schon im voraus wissen will, was wir entscheiden. Die Liebe Christi ist reine Liebe zur *Freiheit* des Menschen. Was Christus will, ist der freie Mensch. Seinen Willen tut nur der Mensch, der Freiheit übt.

II.

Geschichte des «allzumenschlichen» Christentums

Wir widmen uns jetzt der Betrachtung der Geschichte des vergangenen Christentums. Dieses Christentum kann mit Recht das «petrinische» genannt werden. In den zwei Jahrtausenden nach dem Ereignis von Golgatha mußte die Menschheit noch tiefer in den Materialismus hinabstürzen. Wenn Christus noch länger gewartet hätte und statt in der «elften» in der «zwölften» Stunde gekommen wäre, dann hätten die Menschen keine Möglichkeit mehr gehabt, auch nur das Geringste von diesem Mysterium zu erfassen. Zu Petrus hat Christus ja gesagt: «Du folge mir nach» (Joh. 21,19). Die Aufgabe des petrinischen Christentums war, gleich nach dem Christus-Ereignis zu folgen.

Von Johannes, dem geistigen Schüler, sagte Christus, daß er warten muß, bis er wieder kommt. Im Sinne der vorangegangenen Ausführungen können wir sagen: Das petrinische Christentum war ein Christentum der Seele. Auf dem Petrus-Felsen will Christus zunächst seine «Kirche» bauen, und Kirche ist noch Gruppenseele, noch nicht die selbständige geistige Individualität. Durch die Erfahrung der Wiederkunft Christi dank der Geisteswissenschaft wird es jetzt allmählich möglich, ein Christentum des Geistes in Anspruch zu nehmen. Petrus ist ja nach «petra», dem Steinhaften, von Christus selbst genannt worden. Da kommt die Menschheit am tiefsten in das Tote, in das Mineralische, das heißt in den Materialismus hinein.

Das Mysterium von Golgatha ist geschehen in der vorletzten Stunde, bevor die Menschheit noch den letzten Abgrund des Materialismus erleben durfte. Christus selbst begleitete dieses «Gehen zum Vater» der Menschheit bis in die letzte Konsequenz hinein. Dazu gehörte eine immer tiefere Vermaterialisierung des Christentums selbst im Laufe der Jahrhunderte. Wir wollen diese Geschichte nur anhand von einigen entscheidenden Ereignissen und Phänomenen schildern.

Im vierten Jahrhundert, durch die konstantinische Wende, ist das Christentum zur Staatsreligion erklärt worden. Da fing das Christentum an, zur irdischen Macht zu werden. Wir wissen, wie entscheidend diese irdische Macht in den folgenden Jahrhunderten für die katholische Kirche gewesen ist. Bezüglich dieser Wende habe ich immer an den Satz Christi denken müssen: «Mein Reich ist nicht von dieser Welt» (Joh. 18,36). Christus ist gekommen, um die irdische Welt in eine geistige zu verwandeln, aber sein Grundsatz wird im vierten Jahrhundert umgekehrt. Für das Christentum, das damals begann, gilt in vieler Hinsicht der Satz: «Mein Reich *ist* von dieser Welt.»

Dieses Christentum ist unser aller Vergangenheit. Wer die Geisteswissenschaft richtig versteht, überwindet jeden Groll dieser Vergangenheit gegenüber. Durch die Geisteswissenschaft Rudolf Steiners lernt man, es als selbstverständlich zu betrachten, daß die Kirche alle Schätze der geistigen Erkenntnis im Laufe der Zeit verlieren mußte. Nur dadurch, daß von dieser Seite immer weniger zu erwarten ist, bekommt jeder einzelne die Möglichkeit, aus der individuellen Freiheit heraus das Geistige wiederum zu suchen und zu finden. In demselben Maße, in dem ein Mensch noch

Erwartungen gegenüber der Kirche hegt, will er weiterhin von außen empfangen und versäumt das individuelle, freiheitliche Suchen.

Ein Weiteres in der Geschichte dieses petrinischen Christentums ist dasjenige, was Rudolf Steiner das Exoterischwerden des Meßopfers nennt (vgl. z.B. GA 237, Vortrag vom 11. Juli 1924). Schon immer war es so in der Menschheit gewesen, daß keiner mit der alltäglichen, profanen Gesinnung an den Mysterien teilnehmen durfte. Nur diejenigen wurden zugelassen, die eine innere Verwandlung durchgemacht hatten. Sie mußten die richtige innere Gesinnung dem Mysterium entgegenbringen. Die innere Wandlung war Voraussetzung für die Teilhabe an der kultischen Wandlung. Das Meßopfer war eine Zusammenfassung der tiefsten Mysteriengeheimnisse. Dadurch, daß man jetzt alle zum ganzen Meßopfer zuließ, wurden die inneren Voraussetzungen im Grunde genommen nicht mehr ernst genommen.

Ein anderer wichtiger Zeitpunkt ist das Jahr 869, als am achten ökumenischen Konzil zu Konstantinopel der Geist, wie Rudolf Steiner stets zu sagen pflegte, «abgeschafft» wurde. Die Trichotomie, das heißt das Bewußtsein, daß der Mensch aus Leib, Seele *und Geist* besteht, ging verloren. Fortan hieß es, daß der Mensch aus Leib und Seele besteht und daß die Seele einige geistige Eigenschaften besitzt. Von hier ist nur ein kleiner konsequenter Schritt zum Grundsatz des Darwinismus: Der Mensch ist ein höheres Tier. Animal, das lateinische Wort für Tier, bedeutet «Seelenwesen», denn «anima» heißt «Seele». Die Naturwissenschaft der zweiten Hälfte des letzten Jahrhunderts ist die Vollstreckerin des Vermächtnisses des achten ökumenischen Konzils. Das Bewußtsein, daß jeder Mensch eine ewige Individualität, ein geistiges Ich-Wesen ist, verdunkelte sich immer mehr.

Der Streit um das Abendmahl

Ein sehr Wichtiges in der Entwicklung des traditionellen Christentums ist der Streit um das Abendmahl. Rudolf Steiner macht darauf aufmerksam, daß, wenn man anfängt, über etwas zu streiten, es immer ein Zeichen dafür ist, daß man die Zusammenhänge nicht mehr versteht. In früheren Jahrhunderten konnte das christliche Gemüt noch eine tiefe Glaubensbeziehung zum Mysterium der Wandlung erleben. Später fing man an zu diskutieren, ob Brot und Wein wirklich der Leib und das Blut Christi sind oder ob die Beziehung nur eine symbolische ist. Ich habe schon erwähnt, worin die christliche Wandlung in ihrem tiefsten und umfassendsten Sinne besteht: in der Verwandlung der Naturnotwendigkeit in die Welt der Freiheit durch den Menschen.

Der Mensch lebt *vor* dieser Wandlung jedesmal, wenn er die materielle, wahrnehmbare Welt als substantieller und wirklicher erlebt als die geistige. Er erlebt sich, in seinem Geist, als Wirkung, und die sinnlich-wahrnehmbare Welt erlebt er als Ursache. In diesem Fall lebt er noch «vor Christus». Jedesmal aber, wenn der Mensch vermag, durch das intuitive und tätige Denken das Geistig-Wesenhafte, das er im Begriff erfaßt, in der innerlichen Erfahrung so substantiell-real und wirklich wirksam zu erleben, daß er weiß, daß der Geist «substantieller» und ursächlicher ist als die Materie, transsubstantiiert er real die Welt. Dies ist das Wesen des Christentums, daß der Mensch durch die Schöpfer-kraft seines Geistes im Denken den Geist substantieller erlebt als die sogenannte Materie. Im Menschen und durch den Menschen wird die reale Ursächlichkeit des Geistigen erlebt.

Es genügt nicht zu beteuern, daß der Geist schon von vornherein substantieller *ist* als die Materie. Diese «Wandlung» kann nur im realen Erleben vom Men-schen selbst schöpferisch *vollbracht* werden. In der «Phi-losophie der Freiheit» Rudolf Steiners wird diese Trans-substantiation der Welt durch das Menschendenken geschildert. Indem der Mensch sich bewußt macht, daß er in der sinnlichen Wahrnehmung keine Substantialität hat, bringt er selber durch das Denken geistige Substan-tialität hervor durch Begriffsbildung. Diese ist christliche Transsubstantiation der Welt in der höchsten Potenz.

Die kultische Wandlung, die durch die Stellvertretung des Priesters vollzogen wird, darf nicht als vollgültiger und endgültiger Ersatz gelten für die individuelle Wand-lung, die jeder in der inneren Erfahrung des Heiligen Geistes vollziehen muß. Das Wort Christi: «Tut dies zu meinem Gedächtnis» bedeutet, daß der christliche Kul-tus den Menschen daran «erinnern» soll, welche Auf-gabe ihm in der Entwicklung erwächst. Tut dies zur Erinnerung des Ich, das heißt, um daran erinnert zu werden, daß der letzte Sinn der Entwicklung die Ichhaftigkeit, die Vollmacht des Menschengeistes ist. Im Vortrag vom 13. Oktober 1911 (GA 131) sagt Rudolf Steiner:

«Solange vom Abendmahl gewußt wurde, daß es den lebendigen Beweis dafür bedeutet, daß Materie nicht bloß Materie ist, sondern daß es zeremonielle Handlungen gibt, durch die der Materie der Geist beigefügt werden kann, solange der Mensch wußte, daß diese Durchdringung der Materie mit dem Geist eine Durchchristung ist, wie sie im Abendmahl zum Ausdruck kommt, solange wurde es hingenommen, ohne daß man sich stritt. ... Das Abendmahl war für die Menschen, die zu dem Christus hinkommen wollten, ein völliger Ersatz für den esoterischen Weg, wenn sie diesen nicht gehen konnten, so daß sie in dem Abendmahl eine wirkliche Vereinigung mit dem Christus finden konnten. ... Und wie sich der unentwickelte Christ seinen Weg durch das Abendmahl zu dem Christus suchen konnte, so kann der entwickelte Christ, der durch die vorgeschrittene Wissenschaft des Geistes die Gestalt des Christus kennen lernt, sich im Geiste zu dem erheben, was ja auch in Zukunft ein exoterischer Weg für die Menschen werden soll. Das wird als die Kraft fließen, die dem Menschen eine Erweiterung des Christus-Impulses bringen soll. Aber dann werden sich auch alle Zeremonien ändern, und was früher durch die Attribute [?] von Brot und Wein geschehen ist, das wird in Zukunft durch ein geistiges Abendmahl geschehen. Der Gedanke jedoch des Abendmahles, der Kommunion wird bleiben. Es muß nur einmal die Möglichkeit gegeben werden, daß gewisse Gedanken, die uns zufließen durch die Mitteilungen innerhalb der Bewegung für Geisteswissenschaft, daß gewisse innere Gedanken, innere Fühlungen ebenso weihevoll das Innere durchdringen und durchgeistigen, wie in dem besten Sinne der inneren christlichen Entwickelung das Abendmahl die Menschenseele durchgeistigt und durchchristet hat. Wenn das möglich wird – und es wird möglich –, dann

sind wir wieder um eine Etappe in der Entwickelung weiter-
geschritten. Und dadurch wird wieder der reale Beweis ge-
liefert werden, daß das Christentum größer ist als seine
äußere Form. ... Der nur hat die wahre Meinung von dem
Christentum, der durchdrungen ist von der Überzeugung,
daß alle Kirchen, die den Christus-Gedanken gepflegt haben, alle äußeren Gedanken, alle äußeren Formen zeitlich
und daher vorübergehend sind, daß aber der Christus-Ge-
danke sich in immer neuen Formen hineinleben wird in die
Herzen und Seelen der Menschen in der Zukunft, so wenig
diese neuen Formen sich auch heute schon zeigen.»

Wenn ich an meine Kindheit zurückdenke, wie ich als
ganz kleines Kind während der Messe neben meiner
Mutter in der Kirche kniete, so höre ich noch heute,
wie ungeheuerlich laut das Schweigen war, während
die Wandlung sich am Altar vollzog. Ich kann aus Erfahrung sagen: Diese Bauernmenschen lebten in jenen
Augenblicken ganz und gar in einer geistigen Welt.
Christus war für sie absolut wesenhaft da. Von dort
empfingen diese Menschen eine geistige Kraft, die sie
durch ein oft hartes Leben trug. Dieses konnte
zunächst lange Zeit ohne Kräfte der Bewußtseinsseele
und ohne Geisteswissenschaft erlebt werden. Was für
meine Mutter noch möglich war, das gilt schon für die
nächste Generation, für den Sohn dieser Mutter, nicht
mehr. Ich gehöre zu den Menschen, für die die Wandlung entweder im Denken vollzogen wird oder unreal
bleibt. Diese Menschen werden immer zahlreicher.
   Als die Wandlung nicht mehr erlebt werden konnte,
konnten die Menschen auch nicht mehr verstehen, was
im Neuen Testament – um nur ein wichtiges Beispiel zu

erwähnen – mit dem «Weltuntergang» gemeint ist. Man fing an zu denken, es wäre die Rede von einem äußerlich materiellen Weltuntergang, von einem physischen «Ende der Welt». Was die ersten Christen damit gemeint haben, war aber etwas ganz anderes. Sie wollten sagen, daß mit dem Eintreten des göttlichen Sohnes in die Erde die Welt des Vaters aufhört, die führende Rolle innezuhaben. Sie hört auf, alleinige Ursache zu sein, und kann zur Bedingung gemacht werden für die Entwicklung der Freiheit. Naturnotwendigkeit hat in ihrer Rolle des Alles-Bestimmenden abgedankt: Das war und ist der real-geistige «Weltuntergang». Die Natur kann weiterhin, *muß* aber nicht mehr die führende Rolle im Menschen-Wesen haben.

«Damit, wenn wir so denken, kommen wir den Vorstellungen der ersten christlichen Jahrhunderte eigentlich erst nahe. Aber damit war ja den Menschen zunächst etwas gegeben wie ein Hinweis, daß sie nicht irgendwelcher anderen Kraft, als der Kraft ihres Bewußtseins entnehmen sollen die Vorstellungen, um zum Göttlichen zu kommen. Die Menschen waren hingelenkt auf das Geistige. Was konnte man ihnen daher sagen? Man konnte ihnen sagen: Ehedem war die Erde so mächtig, daß sie euch die Vorstellung gegeben hat vom Göttlichen. Das hat aufgehört. Die Erde gibt nichts mehr her. Ihr müßt durch euch selbst zum Logos und zum schöpferischen Prinzip kommen. Ihr habt im Grunde genommen bisher verehrt dasjenige, was im Vorirdischen schöpferisch war [und die Erde geschaffen hat]; jetzt sollt ihr dasjenige verehren, was im Irdischen schöpferisch ist. Das könnt ihr aber nur durch die Kraft eures Ich, eures Geistes erfassen.

Und das drückte sich aus in dem, daß die ersten Christen sagten: Der Weltuntergang ist nahe. Sie meinten, der Untergang derjenigen Erde, die dem Menschen Erkenntnis gibt, ohne daß er mit seinem Bewußtsein an diesen Erkenntnissen arbeitet. Und es ist in der Tat eine tiefe Wahrheit ausgesprochen mit diesem Weltuntergange, denn der Mensch war vorher ein Sohn der Erde. Der Mensch überließ sich den Erdenkräften. Er verließ sich darauf, daß sein Blut ihm seine Erkenntnisse gab. Damit war es aus. Die Reiche der Himmel sind nahe herangekommen. Die Reiche der Erde haben aufgehört. Der Mensch kann fortan nicht mehr ein Sohn der Erde sein. Der Mensch muß sich zum Genossen eines geistigen Wesens machen, das von der geistigen Welt auf die Erde heruntergekommen ist, des Logos, des Christus.» (Rudolf Steiner, Vortrag vom 3. Juni 1921, GA 204)

Das Bewußtsein von Wiederverkörperung und Karma geht verloren

Ein anderer, ganz wichtiger Zug des traditionellen Christentums ist das Verlorengehen des Bewußtseins von Reinkarnation und Karma. Rudolf Steiner betont, daß es sogar die Aufgabe des christlichen Abendlandes war, eine Zeitlang dieses Bewußtsein in der Menschheit zurücktreten zu lassen (vgl. z. B. GA 187, Vortrag vom 1. Januar 1919). Es war sogar die zentrale Aufgabe des petrinischen Christentums selbst. Dadurch, daß man nichts mehr gewußt hat von Reinkarnation und Karma, ging auch der Gedanke der Präexistenz verloren. Es wurde die aristotelische Lehre übernommen, daß der Mensch erst mit der Empfängnis göttlich geschaffen wird.

Bei Platon ist die Präexistenz noch ganz und gar vorhanden. Aristoteles ist der erste große Denker des Abendlandes, für den die Leiblichkeit so wesentlich für die Selbsterfahrung des Menschen wird, daß er sich den Menschen ohne Leiblichkeit nicht mehr vorstellen kann. Selbst seine «Unsterblichkeit» besteht in einem ewigen Zurückblicken, nach dem Tode, auf die eigene abgelegte Leiblichkeit. Die christliche Unsterblichkeit rechnete sehr stark mit dem Egoismus des Menschen. Jeder möchte ja gerne fortbestehen nach seinem Tode. Es wurde immer nur gesprochen von der Unsterblichkeit der Seele.

Rudolf Steiner betont, daß es genauso wichtig ist, von der «Ungeborenheit» des Menschen zu sprechen, denn der Menschengeist wird genausowenig «geboren», wie er stirbt. Das Wissen davon, daß man aus der geistigen Welt in die physische hereinkommt mit einer Mission, mit einer Aufgabe, die sich als ausgleichende Bilanz ergibt von vorigen Erdenleben, kann unmöglich dem Egoismus schmeicheln. Es verlangt moralische Verantwortung und Ernsthaftigkeit ab.

Was bedeutet aber eigentlich die Tatsache, daß die Menschen nicht mehr von Reinkarnation und Karma wußten? Dies bedeutet eine Verfinsterung des Mysteriums des höheren Ich, des wahren übersinnlichen Menschen, das von Leben zu Leben schreitet. Der Mensch konnte nicht mehr verstehen, daß er täglich eingebettet in den Kräften des Karma lebt und daß dasjenige, was er durchzumachen hat, von seinem höheren Ich bewußt und freiheitlich gewählt und geplant wurde noch vor der Geburt in Kommunion mit den geistigen

Hierarchien. Im schon zitierten Vortrag vom 11. September 1924 (GA 346) führt Rudolf Steiner aus, wie untrennbar voneinander das christliche Mysterium der Wandlung und das Mysterium des Karma sind. Wo das Verständnis des einen verlorengeht, muß auch verlorengehen das Verständnis des andern.

«Schauen Sie sich eine menschliche Handlung an. Sie kann angesehen werden von zwei Aspekten aus: vom Aspekt des Menschen, der geboren ist von Vater, Mutter, Großvater, Großmutter und so weiter; aber man schaue die Handlung auch von dem anderen Aspekt an – da wirken in ihr die Kräfte, die die Nachwirkungen sind von früheren Erdenleben. Wir haben da eine ganz andere Ordnung, deshalb können sie auch nicht von irgendeiner Naturwissenschaft, das heißt Vaterwissenschaft begriffen werden.
Es gibt eine Möglichkeit, zu zwei Dingen hinzuschauen, die essentiell dasselbe sind, wenn sie auch akzidentiell verschieden sind. Wir schauen hin auf der einen Seite, wie aus dem Menschen heraus das Karma, das Schicksal, als Ergebnis früherer Erdenleben sich entwickelt; wir haben da eine Gesetzmäßigkeit, die ganz und gar nicht eine Naturgesetzmäßigkeit ist, die aber da ist. Und schauen wir nun hin auf den Altar, so sehen wir, wie auch die Transsubstantiation äußerlich nicht sichtbar ist und wie sie in den physischen Substanzen als geistige Realität sich vollzieht. Darin herrschen dieselben Gesetze. Zwei Dinge können wir zusammenbringen: Die Art und Weise, wie Karma wirkt, und die Art und Weise, wie die Transsubstantiation sich vollzieht. Wer das eine versteht, kann auch das andere verstehen.»

Dadurch, daß man gedacht hat, daß der Mensch nur einmal lebt, wurde die Kluft zwischen Menschsein und Gottsein als unüberbrückbar gedacht. Denn so wie der Mensch auf der jetzigen Stufe der Entwicklung lebt und stirbt, ist er wohl zu «menschlich-allzumenschlich», als daß seine Unvollkommenheit nicht in die Augen springen dürfte. Die prinzipielle Disparität zwischen Gott und Mensch wurde immer mehr betont. Die Transzendenz Gottes, das Ganz-anders-Sein des göttlichen Wesens, wurde immer mehr in den Vordergrund gestellt.

In der Perspektive der Wiederverkörperung dagegen wird jedem Menschen die Gottwerdung als Entwicklungsmöglichkeit prinzipiell zugesprochen. Jeder hat viele Lebensläufe zur Verfügung, um all dasjenige sich anzueignen, was sich im Christus-Wesen als dem vollkommenen Menschenwesen gezeigt hat. Die sogenannten «Wunder» Christi heißen im Johannes-Evangelium «Zeichen». Durch sie «zeigt» Christus, wozu jeder Mensch im Laufe seiner Entwicklung berufen und fähig ist.

Das Wesen der Liebe ist nicht gekommen, um durch seine Taten den Menschen zu zeigen, was sie alles *nicht* können. Darin bestand ja die Versuchung des Teufels gleich am Anfang, daß er Christus sagte: Zeige den Menschen deine göttlich-übermenschlichen Fähigkeiten, verwandle Steine in Brot, stürze dich von der Zinne des Tempels hinunter … Die Erwiderung Christi bestand darin, daß er die freiwillige Entscheidung gefaßt hatte, auf alles zu verzichten, was nicht menschenmöglich ist, und sich auf das zu beschränken, was in den Möglichkeiten der menschlichen Evolution liegt. Die Interpretation der «Wunder» kehrt sich durch die Perspektive der Wiederverkörperung ganz um: die Taten Christi enthalten das Menschen*mögliche*. Er hat uns alles gezeigt, was jeder Mensch im

Laufe seiner Entwicklung werden *kann*. Die Natur des Menschen darf nur nicht am jetzigen «gefallenen» Menschen erfaßt werden. Das Wesen des *Mensch*seins ist in seiner Vollkommenheit zunächst nur in Christus gegeben. Nicht er ist «jenseits» des Menschlichen, sondern der Mensch ist auf seiner jetzigen Entwicklungsstufe noch viel zu wenig «menschlich».

Es ist oft behauptet worden, daß im Osten das Bewußtsein der Wiederverkörperung immer vorhanden gewesen wäre. Dies ist aber nur eine halbe Wahrheit. Was wir in den vorchristlichen Religionen finden, kann nicht Wiederverkörperung im eigentlichen Sinne genannt werden, sondern «Seelenwanderung» oder Metempsychose. Der Unterschied ist ein gewaltiger, nicht weniger bedeutsam als der Unterschied zwischen Seele und Geist. Die Wiederverkörperung ist das Grundgesetz der Entwicklung des Ich, des Menschengeistes als ewige Individualität. Vor Christus war aber eine wesenhafte Erfahrung des Ich noch kaum möglich.

Im fünften Vortrag des Zyklus «Von Jesus zu Christus» (GA 131) bespricht Rudolf Steiner das vorchristliche Ringen um das Ich im Griechentum, im Buddhismus und im althebräischen Altertum. Der Grieche erlebte sich zwar als einzelne Persönlichkeit, aber nur dank der physischen Leiblichkeit. Nach dem Tode, ohne Leib, erlebte er sich nur noch wie einen Schatten eines Menschen. Im ursprünglichen Buddhismus wird das Ich als Illusion betrachtet, von der es gilt sich zu befreien durch Verlassen der Leiblichkeit. Im Judentum entsteht ein wahrer Begriff des Ich, aber die Ichhaftigkeit wird nur dem «Jahwe» (Ich bin) zugeschrieben. Der Mensch hat teil an dieser Ichhaftigkeit nur durch sein Eingebettetsein in der leiblichen Blutströmung des Jahwe-Volkes und durch das seelische Erleben des Jahwe-Gesetzes. Für beide Aspekte dieser Ich-Erfahrung ist die Gruppenseelenhaftigkeit maßgebend.

Das ganz Neue, das erst die Christus-Wesenheit durch ihr Eintreten in die Erde ermöglicht, ist eine vollgültige Erfahrung des Ich, *die rein geistig und zugleich rein individuell ist*. Erst durch diese Erfahrung ist ein reales Bewußtsein der Wiederverkörperung überhaupt möglich. Vor dieser Erfahrung gibt es nur «Seelenwanderung».

Die Vergebung der Sünden

Auch die Vergebung der Sünden konnte in der Vergangenheit nicht in der Perspektive des Karma und des selbständigen, sich reinkarnierenden Ich gesehen werden. Die «Seele» des Menschen durfte gereinigt werden, ohne daß die Individualität dafür eine volle Verantwortung übernehmen konnte. Auch Kindern sind wir bereit, vieles zu verzeihen. Die vorchristliche Begründung des Verzeihens faßt Christus zusammen in den Worten: «Vater, vergib ihnen, denn sie wissen nicht, was sie tun» (Lk. 23,34).

Die wichtige Frage, die sich hier stellt, ist die folgende: Liegt es im Sinne der Entwicklung, daß der Mensch auch in alle Zukunft nicht wissen darf, was er tut? Die Antwort der Geisteswissenschaft lautet: Christus ist auf die Erde gekommen, um jedem Menschen im Laufe seiner Entwicklung ein immer klareres *Wissen* zu ermöglichen dessen, was er tut. Wo der Geisteswissenschaft Rudolf Steiners vorgeworfen wird, daß sie von einer Selbsterlösung redet und daß sie die Erlösung durch Christus überflüssig macht, entspringt dieser Vorwurf einem argen Mißverständnis.

In den Vorträgen «Christus und die menschliche Seele» (GA 155) unterscheidet Rudolf Steiner zwischen *karmischen* und *kosmischen* Folgen jeder Tat der Menschen. Die karmischen Folgen sind diejenigen, die in der Innerlichkeit des Täters selbst auftreten, die Veränderungen in seinem Ich und in seiner dreifachen Leiblichkeit. Die kosmischen Folgen repräsentieren dagegen dasjenige, was objektiv in der Welt durch das Verhalten des Menschen geschieht. Jeder kann und muß selber die karmischen Folgen in seinem Wesen durch Übung der Freiheit ausgleichen. Die Sünde gegen den Heiligen Geist *kann* nicht vergeben werden. Darin besteht sogar das Wesen der Freiheit. Ein Eingriff von außen wäre eine Verletzung der Freiheit.

Ganz anders steht es aber mit den objektiven «kosmischen» Folgen. Da vermag der Mensch nur in sehr begrenztem Sinne einen Ausgleich zu erwirken. Rudolf Steiner bringt das extreme Beispiel eines Menschen, der einem anderen die Augen aussticht. Wenn der Blindgewordene zum Beispiel als Landwirt Unordnung schafft, kann der Übeltäter das nicht rückgängig machen. Wenn wir die Tragweite dieser Tatsache verstehen, wird uns klar, was im Evangelium gemeint ist, wenn Johannes der

Täufer vom Christus-Wesen sagt: «Siehe, das Lamm Gottes, das auf sich nimmt die Sünde der Welt» (Joh. 1,29).

Im Griechischen steht hier nicht, daß Christus auf sich nimmt die Sünde der Menschen oder der Erde, sondern die Sünde τοῦ κόσμου (tou kosmou), «des Kosmos». Ich weiß noch heute, welchen Jubel, welche innere Erlösung ich erlebte, als ich zum ersten Mal bei Rudolf Steiner von dieser Unterscheidung zwischen kosmischen und karmischen Folgen las. Da mußte ich unmittelbar an diese Stelle des Johannes-Evangeliums denken und mir sagen: Wie wahr das ist, daß man jedes Wort dieses Textes auf die Goldwaage legen muß!

Christus nimmt auf sich die kosmischen, das heißt die objektiven Erdenfolgen unserer Taten. Wenn das Wesen der Liebe dieses nicht fortwährend täte, würden wir so viel an der Erde schon verbrochen haben, daß die Erde kaum mehr bewohnbar wäre. Welche Gnade, daß er aus ihr *seinen* Leib gemacht hat! In der Geisteswissenschaft wird das Wirken der Gnade nicht weniger, sondern unendlich mehr gewürdigt und verehrt als ohne sie. Erst durch sie erfährt der Mensch, was das Wesen der Liebe gnadevoll alles für ihn tut. Die Sünde der Ehebrecherin (Joh. 8) schreibt Christus in die Erde, in seinen Leib hinein.

Die Heilige Schrift – zuletzt nicht mehr so «heilig»

Noch einen wesentlichen Zug des petrinischen Christentums möchte ich erwähnen, und zwar die Beziehung zur Heiligen Schrift. Es ist eine Grundüberzeugung der Kirche gewesen, daß mit dem Neuen Testament die Offenbarung Christi abgeschlossen ist. Alles, was er der Menschheit zu sagen hat, ist dort enthalten. Es geht nur darum, das schon endgültig Geoffenbarte immer besser zu verstehen. Dieses Verstehen im Sinne einer orthodoxen Interpretation steht nur der Kirche zu.

Was prinzipiell ausgeschlossen wird, ist ein fortwährendes und direktes In-Verbindung-Treten des Christus-Wesens mit der Menschheit. Nicht nur hat Christus schon alles gesagt, was er sagen wollte, sondern er tritt lediglich durch die Kirche in Verbindung mit den Menschen.

Auch in der Beziehung der Christenheit zur Heiligen Schrift zeigt sich, wie entscheidend die Wende der letzten Jahrhunderte war, wodurch die fünfte Kulturperiode inauguriert wurde. Noch bis zum 18. Jahrhundert hatten die Menschen eine tiefe Gemütsbeziehung zu den Evangelien. Christus selbst hat durch diese Texte in der Menschheit gewirkt, aber nicht durch den Verstand, sondern durch die Kräfte des Glaubens.

Als man aber im letzten Jahrhundert daran ging, historisch-wissenschaftlich diese Texte zu untersuchen, konnte der moderne Verstand sie nur zersetzen. Man fand, daß sie überhaupt nicht als historisch zuverlässige Texte gelten können. Durch die Bibelkritik ist im Grunde genommen das wichtige Dogma der Inspiration der Schrift aus den Angeln gehoben worden. Dieses Dogma konnte nur bedeuten, daß nicht nur menschliche Fähigkeiten, so wie wir sie normal kennen, diese Texte zustande gebracht haben. Die Aussage, daß sie vom Heiligen Geist inspiriert sind, will doch heißen, daß hier noch andere Fähigkeiten in Frage kommen als diejenigen, die jedem «normalen» Menschen zur Verfügung stehen.

In der Lektüre Steiners ist mir immer so zumute gewesen, als ob er das Dogma der Inspiration der Schrift wiederum rettet. Bei ihm heißt es, daß die Evangelisten Eingeweihte waren und daß sie ganz genau wußten, was sie schrieben. In den Evangelien werden nicht nur sinnliche, sondern auch *übersinnliche* Tatsachen und Ereignisse geschildert, die man mit anderen Wahrnehmungsorganen als den sinnlichen erfassen muß. Ich habe manchen Exegese-Professor erlebt, der es besser als Matthäus, Markus und Lukas gewußt hat, wer was von wem abgeschrieben hat und welche Widersprüche beispielsweise zwischen den Synoptikern und dem Johannes-Evangelium zu finden sind. Er konnte Wiederholungen streichen, Fehler korrigieren und einen besseren Text herstellen!

Nur ein Beispiel, um die heutige Beziehung vieler Menschen zum inspirierten Text zu erläutern: das sogenannte Wandeln Christi auf dem Wasser. Da hat man im traditionellen Christentum nur zwei Möglichkeiten. Entweder sagt man, daß er als Gott alles konnte, also auch auf dem Wasser wandeln. Oder man sagt: das ist symbolisch gemeint, es sind lediglich Bilder, die irgendeine Lehre ausdrücken wollen.

Wenn wir uns beide Möglichkeiten anschauen, so zeigen beide ihre absolute Unhaltbarkeit. Die erste Interpretation würde Christus schwarze Magie zumuten. Er würde durch ein physisch-materielles «Wandeln auf Wasser» die Freiheit der Menschen zerstören, denn kein Mensch kann sich einem anderen gegenüber frei fühlen, der physisch auf dem Wasser wandelt. Außerdem wäre die Menschwerdung Christi zu einer leeren Phrase gemacht, wenn er nicht einmal die Grundgesetze des Menschseins, wie zum Beispiel die Gravitation, achten würde.

Die andere Alternative, daß es um metaphorische Bilder geht, würde als Konsequenz haben, daß man alles nur als Bilder interpretieren könnte. Denn warum sollte nicht auch die Auferweckung des Lazarus ein mythisches Bild sein, warum auch nicht die Auferstehung Christi, warum nicht seine Existenz überhaupt? In der Tat haben einige den Mut gehabt, bis zum Ende zu denken und haben das Ganze als einen schönen Mythos erklärt. Vor zweitausend Jahren wäre in den Köpfen gewisser Menschen ein schöner Christus-Mythos entstanden, so wie später im Kopf Goethes der «Faust» entstanden ist. Da wäre man naiv und unwissenschaftlich, wenn man von Goethe wissen wollte, wo genau und wie das alles historisch-real geschehen ist.

Bei Rudolf Steiner fand ich etwas ganz anderes, das ich als einzige Lösung des Dilemmas empfinde. Da heißt es, daß die Apostel die reale übersinnliche Schau des *geistigen* Christus-Wesens auf dem Meer gehabt haben. Sowohl ihr Wahrnehmen wie auch das Wahrgenommene waren absolute Wirklichkeiten, nur keine physisch-materiellen.

Die zwei traditionellen Interpretationen haben den Materialismus gemeinsam. Beide denken: entweder ist etwas sinnlich-physisch geschehen, dann ist es real (erste Interpretation), oder es ist nicht physisch-sinnlich geschehen, dann ist nichts real geschehen (zweite Interpretation). Hier zeigt sich, auf welche Weise die Geisteswissenschaft Rudolf Steiners die einzige Rettung aus dem *Materialismus* unserer Zeit ist. Zu diesem Materialismus hat nach Rudolf Steiner maßgebend die moderne Theologie beigetragen.

Ich möchte hier wenigstens einen Hinweis auf die heutige neutestamentarische Forschung hinzufügen. In der Reihe «Wege der Forschung» (Wissenschaftliche Buchgesellschaft) heißt der Band 522 «Zur Neutestamentlichen Überlieferung von der Auferstehung Jesu», herausgegeben von Paul Hoffmann, Darmstadt 1988. Auf den Seiten 228 bis 255 ist der Aufsatz von Rudolf Pesch «Zur Entstehung des Glaubens an die Auferstehung Jesu» abgedruckt, dem ich folgendes Zitat entnehme (S. 238):

«In dieser Situation arbeitete ich eine Hypothese zur ‹Entstehung des Glaubens an die Auferstehung Jesu› aus, die nicht nur auf die Argumentation mit dem ‹leeren Grab› verzichtete, sondern auch auf die Herleitung des Osterglaubens aus einem (näher nicht bestimmbaren) Widerfahrnis des Sehens.»

Ich übersetze für den Laien, was hier gesagt wird. Es werden zwei Dinge ausgeschlossen, die eine Rolle spielen könnten für die Entstehung «des Glaubens an die Auferstehung»: erstens, das leere Grab, das heißt jede objektive Wirklichkeit, die mit Natur oder Erde – mit der physischen Leiblichkeit des Jesus – zu tun hätte; zweitens, jede «Widerfahrnis des Sehens», das heißt jede irgendwie übersinnliche Wirklichkeit – der Exeget denkt hier an ein Halluzinatorisch-Visionäres, daher das Anliegen, auch dieses auszuschließen –, also jede reale Erfahrung des geistig gegenwärtigen Auferstandenen.

Wenn diese zwei Dinge – das Leiblich-Natürliche und das Geistig-Übersinnliche – ausgeschlossen werden: was bleibt übrig? Es bleibt nur *Seele* übrig: die innere erinnerungsmäßige Interpretation der Erfahrungen, die die Jünger mit dem jetzt verstorbenen Menschen Jesus während seines Lebens gemacht haben. Es wird hier von vornherein angenommen, daß diese Erfahrungen nicht anderer Natur sein können, als die des heutigen Durchschnittsmenschen. Jesus darf nicht anders Mensch sein als so, wie die Menschennatur vom heutigen Durchschnittsmenschen erlebt wird. Die Menschennatur – so wie sie heute erlebt wird – wird verabsolutiert, wird als konstante Größe angenommen, als ob sie keine wesentlichen Änderungen durchgemacht hätte in der Vergangenheit und keine solche machen würde in der Zukunft. Der heutige Mensch sagt dem Jesus, wie er gewesen sein soll, um richtig «Mensch» gewesen zu sein, statt von Christus zu erfahren, welche gewaltigen Metamorphosen die Menschennatur noch durchmachen darf, um vollkommen «menschlich» im Prozeß ihrer Gottwerdung zu werden. Der heutige Mensch – auch der Exeget – weiß nicht mehr, daß zu den möglichen Metamorphosen der Menschennatur das Ausbilden von Wahrnehmungsorganen für das Übersinnliche dazugehört, die noch anderes – aber nicht weniger objektiv – wahrnehmen können, als was mit den leiblichen Sinnen wahrgenommen wird.

Wir berühren hier einen entscheidenden Unterschied zwischen dem traditionellem Christentum und der Geisteswissenschaft Rudolf Steiners. Was bei Rudolf Steiner eine fundamentale Bedeutung hat und was im herkömmlichen Christentum im Grunde genommen fehlt, ist die Perspektive der Entwicklung. Nicht nur ist die Menschennatur in ständiger Entwicklung, sondern auch die Art und Weise, wie Christus mit den Menschen umgeht, ändert sich im Laufe der Zeit.

Er selber hat gesagt: «Ich bin mit euch bis zum Ende der Erdenzeiten.» Er wandelt mit uns als der Auferstandene, und die wiederholten Erdenleben geben jedem Menschen die Möglichkeit, mit ihm in reale Verbindung zu treten auf immer neue Weise. Zu der Erde hat er gesagt: «Dies ist mein Leib.» Seine Himmelfahrt war in Wirklichkeit eine Erdenfahrt, denn Himmel ist dort, wo Christus ist. Er *ist* der Himmel: einen andern Himmel gibt es nicht.

Von Christus zu Jesus – der liebe und arme «Gott»

Wenn wir das Fazit des vergangenen Christentums ziehen wollen, so müssen wir sagen: Ein reales Verständnis des Christus-Wesens ging immer mehr verloren, und übrig blieb nur der Jesus, der «schlichte Mann aus

Nazareth». Zwar kommt das Wort «Christus» immer wieder vor, aber was man sich inhaltlich dabei denkt, geht nicht weiter als die Wirkungsweise einer menschlichen Persönlichkeit.

Ein ähnliches können wir sagen für den Begriff «Gott». Bei Rudolf Steiner ist zu lesen, daß, wenn der heutige Christ von Gott redet, die inhaltlichen Vorstellungen, die er hat, gerade noch ausreichen, um eine Engelwesenheit zu umfassen! Und weil jeder seinen eigenen Schutzengel hat, so stellt sich jeder unter «Gott» eigentlich etwas ganz anderes vor. Die Gottheit, die alle Menschen umfassen und vereinigen dürfte, dient demzufolge in Wirklichkeit dazu, sie zu atomisieren und in unendliche Streitigkeiten zu führen. In diesem Gottesbegriff haben wir den tieferen Ursprung des *Materialismus* als Radikalisierung des Gegeneinanders durch Besitz und Konkurrenz. Aber es geht weiter: durch die Mißdeutung oder Ignorierung der Christus-bezogenen Harmonie der Erzengel entsteht der *Nationalismus*. Durch die Pervertierung der Inspirationen des Zeitgeistes entsteht in der Menschheit *kosmische Schuld* dem Erdengeist gegenüber. So führt Rudolf Steiner aus:

«So müssen wir durchaus einsehen, daß in vieler Beziehung die Antwort gegeben werden muß auf die Frage ‹Wer hat Schuld an dem Materialismus unserer Zeit?› – die Religionen haben schuld, die religiösen Bekenntnisse, indem sie das Bewußtsein der Menschen trüben und an die Stelle Gottes einen Engel setzen, für den sich dann substituiert der luziferische Engel, der ihm entspricht. Und dieser luziferische Engel wird den Menschen alsbald in den Materialismus hineinführen. Das ist der geheimnisvolle Zusammenhang zwischen den hochmütigen, egoistischen Religionsbekenntnissen, welche nichts hören wollen von dem, was über einem Engel steht, sondern in maßlosem Hochmut sagen, daß sie von ‹Gott› sprechen, während sie nur von einem Engel sprechen, und von dem noch nicht einmal vollständig. Dieser maßlose Hochmut, der noch oftmals als Demut angesprochen wird, er ist es, welcher letzten Endes den Materialismus hat hervorbringen müssen. Wenn wir dies bedenken, dann sehen wir einen bedeutungsvollen Zusammenhang: Durch die fälschliche Umdeutung eines Engels zu Gott entsteht in der Menschenseele der Hang zum Materialismus. Und es liegt ein unbewußter Egoismus zugrunde, der sich darinnen äußert, daß der Mensch es verschmäht, aufzusteigen zu der Erkenntnis der geistigen Welt, der sich auch darinnen äußert, daß der Mensch sozusagen nur aus sich heraus den Zusammenhang mit seinem Gotte unmittelbar zu finden meint. Sie sehen in vieles hinein, was in der Gegenwart spielt, wenn Sie dies ins Auge fassen, was ich Ihnen hiermit angedeutet habe. Es gibt nur ein einziges Mittel gegen die Mißdeutung Gottes, und das ist die Anerkenntnis der geistigen Hierarchien. Denn dann weiß man auch, daß die gegenwärtigen Religionsbekenntnisse nicht höher hinaufsteigen als bis zu der Hierarchie der Angeloi. …

Die Mißdeutung des Engels, die mehr oder weniger bewußt vollzogen wird, führt auch mehr oder weniger bewußt zur Weltanschauung des Materialismus; nicht bei dem einzelnen Menschen, aber sie führt so im Zeitalter allmählich dahin. Da stehen wir eben durchaus noch sozusagen in dem, was sich bewußt in der Seele abspielt. Aber in dem Verhältnis des Menschen zu der Erzengel-Hierarchie, da stehen wir schon gar nicht mehr da, wovon der Mensch viel weiß; wovon er zwar zuweilen jetzt viel spricht, aber wovon er wenig weiß. Wir haben ja heute allerdings die Bekenntnisse, nicht zu der Hierarchie der Erzengel, aber sehr häufig zu *einem* Erzengel, nicht die deutlich ausgesprochenen

Bekenntnisse, aber das Hinneigen, das gefühlsmäßige Hinneigen zu dem einen oder zu dem andern Erzengel. Im 19. Jahrhundert hat das ganz besonders stark Früchte getragen auf einem Gebiete wenigstens: in dem Heraufkommen der Nationalitätsideen, denen unbewußt zugrunde liegt das Übersehen des Zusammenwirkens der Erzengel und das Hinneigen nur immer zu einem Erzengel. Dem liegt etwas ähnlich Egoistisches, nur etwas Sozial-Egoistisches zugrunde, wie das Hinneigen zu dem einen Engel. ...

Zu ähnlichen Abwegen kommt es mit Bezug auf die Zeitgeister. Aber auch da hängen die Menschen dem einen Zeitgeiste in der Regel an, der sich ihnen gerade als der Geist *ihres* Zeitalters repräsentiert. Bedenken Sie nur, wie wir versuchen durch die Geisteswissenschaft, diesen egoistischen, diesen zeitegoistischen Darstellungen entgegenzuwirken, indem wir die aufeinanderfolgenden Zeitperioden mit ihren Eigentümlichkeiten schildern und auf uns wirken lassen, um gewissermaßen unser Herz und unsere Seele auszudehnen über die ganze Erdenentwickelung, ja über die ganze kosmische Entwickelung, um dadurch wenigstens zunächst in den Gedanken eine Beziehung zu bekommen zu den verschiedenen Zeitgeistern. Aber das wollen die Menschen ja heute nicht. ... Wenn der Mensch von seinem Engel, indem er ihn zu ‹Gott› umtauft, zu dem luziferischen Engel kommt, so ist das eine Verirrung des Glaubens, des Bekenntnisses, der Weltanschauung, eine Verirrung, die gewissermaßen individuell ist. Das Nächste kann eine Verirrung ganzer Völker sein; aber es bleibt immer eine Verirrung gewissermaßen unter den Menschen, und die Folgen, die auftreten, sind eben die Folgen der Verirrungen unter den Menschen. Aber wenn wir zum Zeitgeiste vordringen und dem gegenüber uns verirren, da stoßen wir schon mit unseren Verirrungen an den Kosmos. Und es gibt einen geheimnisvollen Zusammenhang zwischen den Verirrungen gegenüber dem Zeitgeiste und den Anfängen von dem, was der Mensch kosmisch gewissermaßen auf sich lädt. ...

Die Verirrungen, die der Mensch dem Zeitgeiste gegenüber begeht, stoßen an die kosmischen Ereignisse, und die kosmischen Ereignisse stoßen zurück. Und die Folge davon, daß ins Menschenleben nun kosmische Ereignisse hereingetragen werden, die Anfänge zunächst von kosmischen Ereignissen, ist Dekadenz, die bis zur Dekadenz des physischen Leibes greift, mit anderen Worten: Krankheiten und Sterblichkeit und alles, was damit zusammenhängt.» (Vortrag vom 26. November 1916, GA 172)

Die Menschheit wird noch lernen müssen, ernst zu nehmen, was die Christus-Wesenheit ihr durch die Geisteswissenschaft Rudolf Steiners zu sagen hat. In den christlichen Konfessionen ist für alles, was übersinnlich ist, nur noch das abstrakte Wort «Gott» oder «Geist» geblieben. Der «liebe Gott» wird für alles zuständig gemacht, ohne weitere Unterscheidung. Es ist so, wie wenn wir ein kleines Kind fragen würden, was da draußen vorm Fenster zu sehen ist, und dieses antwortete: da draußen ist die «Welt». Die Antwort ist nicht falsch, aber sie ist nichtssagend. Nur dadurch, daß wir konkret die verschiedensten Dinge voneinander unterscheiden, können wir mit der «Welt» etwas anfangen. Wenn ich einen schmackhaften Kuchen genieße und wissen möchte, wem ich zu danken habe oder ein Kompliment aussprechen darf, so würde es mir wenig helfen, wenn man mir sagen würde: Der Kuchen ist von der «Menschheit» gebacken worden.

Die geistige Welt dürfte doch unendlich mannigfaltiger sein als die sinnliche. Was diese angeht, so hat der heutige Mensch bald Hunderte von Wissenschaften, um die unendliche Komplexität immer eingehender und präziser zu erforschen und handzuhaben. In der geistigen Welt soll es nur «Gott» und «Geist» geben. Dieser geistige Analphabetismus ist die große Krankheit der heutigen Menschheit. Die tiefste Sehnsucht des heutigen Menschen – sie ist so tief, daß er eine unbewußte Angst davor hat – ist die Sehnsucht nach einer Wissenschaft des Geistigen, die nicht weniger umfassend und gediegen sei als die des Materiellen.

Glaube gegen Wissen – Gnade gegen Freiheit

Drei Gegensätze sind im Laufe der Jahrhunderte entstanden, welche die Geisteswissenschaft uns hilft, sie statt als sich gegenseitig ausschließende Gegensätze als Polaritäten zu betrachten. Der erste Gegensatz lautet: Gnade gegen Freiheit. Die Freiheit des Menschen ist vielfach in Opposition zum Wirken der Gnade aufgefaßt worden. Dadurch sind beide, sowohl die Gnade als auch die Freiheit, gründlich mißverstanden worden. Eine Gnade, die die Freiheit des Menschen nicht wollte, wäre eine restlose Ungnade für den Menschen. Denn der Mensch ist das Wesen der Freiheit, und die Summe der Gnade besteht in der Ermöglichung der Freiheit. Das gnadevolle Wirken des Christus-Wesens und der geistigen Hierarchien ist immer dazu da, die äußeren und inneren Gesamtbedingungen der menschlichen Freiheit herzustellen. Der Mensch, der die Freiheit nicht ergreift, macht das Wirken der Gnade nichtig, bei ihm ist die Gnade umsonst gewesen.

So müssen wir das Ergreifen der Freiheit als Erfüllung, nicht als Aufhebung der Gnade auffassen.

Ein ähnliches gilt für den Gegensatz Glauben–Wissen. Wenn diese zwei Erfahrungen als sich gegenseitig ausschließend interpretiert werden, mißversteht man beide ganz. Rudolf Steiner ist gar nicht der Auffassung, daß ein Zunehmen des «Wissens» ein Abnehmen des «Glaubens» bedeutet, im Gegenteil. Wenn man die Glaubenskräfte richtig versteht, werden sie durch das Sichvertiefen der Erkenntnis immer stärker. Diesbezüglich sagt er im Vortrag vom 2. Dezember 1911 (GA 130):

«Wenn der Mensch heute den Glauben zu den überlebten Gütern seiner Väter legt, so zehrt er doch in bezug auf seine Lebenskräfte der Seele von den alten Glaubensgütern, die er mit den Traditionen und Überlieferungen ererbt hat. Es hängt gar nicht vom Menschen ab, den Glauben abzulegen oder nicht, denn der Glauben stellt in der Menschenseele eine Anzahl von Kräften dar, eine Summe von Kräften, die zu den Lebenskräften der Seele gehören. Es kommt gar nicht darauf an, ob wir glauben wollen oder nicht, sondern darauf, daß wir die Kräfte, die das Wort ‹Glaube› ausdrückt, als Lebenskräfte der Seele haben müssen, daß die Seele verdorrt, verödet und vereinsamt, wenn sie nichts glauben kann. …

Das Wissen ist nur die Grundlage des Glaubens. Wir sollen wissen, damit wir uns immer mehr zu den Kräften erheben können, die die Glaubenskräfte der menschlichen Seele sind.»

Die zwei Gegensätze «Gnade gegen Freiheit» und «Glaube gegen Wissen» haben den dritten Gegensatz als Folge gehabt: «Freiheit gegen Liebe». Die Freiheit des Menschen ist immer wieder so verstanden worden, als ob sie dem Füreinander abträglich wäre. Man hat gedacht: je mehr individuelle Freiheit, je weniger gemeinschaftliche Kommunion. Um ein harmonisches Miteinander zu ermöglichen, muß jeder seine individuellen Ansprüche zurückstellen. Auch dieser Gegensatz entspricht einem argen Mißverständnis.

Der Grundsatz des Christentums lautet: «Liebe deinen Nächsten wie dich selbst»: nicht mehr, nicht weniger. Wahre Freiheit, die Entfaltung der individuellen Talente, kann nur erlebt werden, indem man die Erfahrung macht, daß die eigenen Talente im Sinne des Karma dazu da sind, die Bedürfnisse der anderen zu befriedigen. Dies ist überhaupt der geisteswissenschaftliche Begriff des Karma: daß jedes Menschen-Ich wie ein Magnet *die* Menschen an sich heranzieht, die ihm die Bedürfnisse entgegenbringen, für deren Befriedigung er die Begabungen hat.

Diese «prästabilierte Harmonie» ist die irdische Widerspiegelung dessen, was man gemeinsam vorgeburtlich in den geistigen Welten gewollt und vorbereitet hat. Die Beziehung zwischen Freiheit und Brüderlichkeit ist in Wirklichkeit so, daß jeder Mensch nur so viel frei sein kann, als er brüderlich ist, und nur so viel brüderlich, als er frei ist. Wo Brüderlichkeit als Gegensatz zur Freiheit aufgefaßt wird, entsteht Erpressung: Man schaut nur auf die Bedürfnisse, als ob sie absolute Ansprüche wären, ohne die Wirklichkeit der Begabungen zu beachten.

Wo Freiheit als Opposition zur Brüderlichkeit aufgefaßt wird, entsteht Egoismus. Man will die eigenen vermeintlichen Talente durchsetzen und den andern aufdrängen, ohne zu bedenken, daß wahre Begabungen nur diejenigen sind, die real vorhandene Bedürfnisse der anderen befriedigen. Der Mensch ist nicht zufrieden mit einem «Kompromiß» zwischen Freiheit und Nächstenliebe im Sinne eines «halb und halb». Zu Recht will er «hundertprozentige» Freiheit *und* «hundertprozentige» Kommunion. Wenn beide wahr sind, können sie nur zusammen steigen oder sinken.

Die drei letzten Dogmen der katholischen Kirche

Kaum etwas könnte geeigneter sein, das Wesen des petrinischen Christentums in seinem Gang in den Materialismus zu veranschaulichen, als die letzten drei Dogmen, die in der katholischen Kirche proklamiert worden sind: die unbefleckte Empfängnis der Maria, die Unfehlbarkeit des Papstes und die Himmelfahrt der Maria mit Leib und Seele. Bevor ich auf das Wesen dieser drei Dogmen zu sprechen komme, möchte ich Worte Rudolf Steiners anführen, mit denen er die vergangene Aufgabe der katholischen Kirche charakterisiert:

«Die römisch-katholische Kirche vertritt als eine grandiose Körperschaft dasjenige, was der vertrocknete Ausläufer der Zivilisation der vierten nachatlantischen Zeit war. Streng nachweisbar in allen Einzelheiten ist, daß die römisch-katholische Kirche den letzten Ausläufer desjenigen vertritt, was schon zum Schatten sogar geworden ist desjenigen, was berechtigte Zivilisation der vierten nachatlantischen Zeit war, berechtigt war bis in die Mitte des 15. Jahrhunderts hinein. Selbstverständlich kündigen sich spätere

Früchte der Menschheitsentwickelung früher an, reichen frühere Sprossen noch in eine spätere Zeit hinein; aber im wesentlichen ist es so, daß die römisch-katholische Kirche dasjenige vertritt, was bis in die Mitte des 15. Jahrhunderts für Europa und seine Kolonien zu vertreten war.

Geisteswissenschaft, wie wir sie auffassen, soll dasjenige erfassen, was nun notwendig ist als fünfte nachatlantische Kultur. ...

Eine Institution, die von einem gewissen Geist als ihrer Seele durchtränkt war, kann als Institution, wenn sie sich erhält, nur für das Vergangene kämpfen. Von der katholischen Kirche zu verlangen, daß sie für das Zukünftige kämpft, wäre eine Torheit. Denn nicht dieselbe Institution kann den Geist der fünften nachatlantischen Periode tragen, welche den der vierten getragen hat. Dasjenige, was die Konfiguration der katholischen Kirche geworden ist, was sich ausgebreitet hat über die zivilisierte Welt als die Konfiguration der katholischen Kirche – und viel mehr als die Menschen glauben, war von dieser Konfiguration der katholischen Kirche durch die ganze Zivilisation hindurch vorhanden; die Monarchien waren durchaus im Grunde genommen, auch wenn sie protestantisch waren, ihrem Gefüge nach lateinisch-katholische Einrichtungen –, alles dasjenige, was da sich verbreitet hat über die Welt, was, ich möchte sagen, seine andere Art der Erscheinung in dem römischen Recht und in der ganzen lateinischen Abstraktion hat, das gehört der vierten nachatlantischen Periode an. Das fordert, daß die Menschen nach abstrakten Grundsätzen organisiert sind, und daß gewisse hierarchische Anordnungen dieser Organisation zugrunde liegen. Dasjenige, was als der Geist, wie wir ihn durch die Geisteswissenschaft pflegen, der fünften nachatlantischen Zeit kommen soll, das fordert nicht eine solche festgefügte, nach abstrakten Grundsätzen organisierte Struktur, sondern das fordert ein solches Verhalten der Menschen zueinander, wie es als ethischer Individualismus in meiner ‹Philosophie der Freiheit› charakterisiert ist. Was da als die ethische Seite auftritt, steht in demselben Gegensatz zu der sozialen Struktur, der von der römisch-katholischen Kirche geforderten sozialen Ordnung, wie schließlich Geisteswissenschaft steht zu demjenigen, was römisch-katholische Theologie ist.» (Vortrag vom 3. Juni 1920, GA 198)

Durch viele Jahrhunderte hindurch hatte die Kirche keine Dogmen mehr proklamiert. Es war wohl ein ahnendes Bewußtsein davon vorhanden, daß man nicht mehr wie in vergangenen Zeiten eine reale Verbindung mit der geistigen Welt erleben konnte. Um so tragischer kann es einen anmuten, daß in den letzten anderthalb Jahrhunderten plötzlich drei neue Dogmen aufgestellt worden sind, wo der Sturz der katholischen Kirche in den Abgrund des Materialismus mit letzter Konsequenz sich vollzogen hat.

Diese drei Dogmen wirken wie ein abgeschlossenes System, denn das erste (die unbefleckte Empfängnis der Maria) bezieht sich auf das Mysterium der Geburt, das zweite (die Himmelfahrt der Maria) auf das Mysterium des Todes und das dritte (die Unfehlbarkeit des Papstes) auf das Mysterium des Ich als auf das Wichtigste im Menschen zwischen Geburt und Tod.

Das erste Dogma bezieht sich nicht auf die jungfräuliche Empfängnis des Jesus, sondern *der Maria.* Die Mutter Jesu ist nach diesem Dogma jungfräulich, das heißt ohne Sünde empfangen und geboren worden. Im Evangelium ist lediglich die Rede von der jungfräulichen Empfängnis *des Jesus*. Dieser Aussage des Evangeliums gegenüber erwachsen der heutigen Kirche unüberwindbare Schwierigkeiten.

Man kennt im Grunde genommen nur zwei Lösungen: Entweder hat Joseph, der Vater, biologisch mit dem ganzen Geschehen nichts zu tun, oder Jesus ist halt wie jeder andere Mensch empfangen und geboren. Die erste Interpretation ist die mehr «konservative», die zweite die mehr «liberale». Die erste straft den Text des Evangeliums Lügen, in dem die Stammbäume eindeutig die des Joseph sind, um darzutun, daß Jesus von der Linie Davids stammt. Die zweite Interpretation ist dem Text gegenüber genauso unhaltbar, in dem es eindeutig heißt, daß Maria vom Heiligen Geist empfängt und von keinem Mann weiß.

Man kann die Frage stellen: Wie ist die Kirche dazu gekommen, das Sündhafte im biologischen Geschehen zu sehen, da sie, um das Sündhafte auszuschließen, die biologische Rolle Josephs ausschließt? Dies kann nur daher kommen, daß man die Materie von vornherein als Ort der Sünde betrachtet. Daß die Verbindung mit der Materie eine Verunreinigung des Geistes bedeutet, ist der Grundgedanke der vorchristlichen Religionen. Die Erlösung des Menschen wurde daher gesehen in der Befreiung von der Materie.

Diese Überzeugung ist aber zugleich das Wesen des Materialismus, denn der Materialismus schreibt der Materie allein Ursächlichkeit zu und betrachtet alles Geistige im Menschen als Wirkung der Materie. Weil die katholische Kirche von vornherein annimmt, daß die Materie sieghaft über den Geist ist, so kann sie auch von der Mutter Jesu diese «Sünde» nur dadurch entfernen, daß die Gesetze des Wirkens der Materie bei dieser Empfängnis aufgehoben werden.

Bei Rudolf Steiner ist die Auffassung der jungfräulichen Geburt eine ganz andere. Das biologisch-physiologische Geschehen, als dem Vaterwirken angehörig, besteht zu Recht als gottgewollt und ist nicht eine Angelegenheit der menschlichen Moralität. Die Wirklichkeit des Sündenfalls im moralischen Sinne zeigt sich in den egoistischen Begierden und Leidenschaften, die im wachen Bewußtsein der Eltern den Akt der Zeugung begleiten. Der Impuls des Egoismus ist aufgetreten als Ausgleich für das Opfer, das die Inkarnation einer Individualität von den Eltern abverlangt. Wo, wie im Fall des Jesus, dieses Begierdenhafte und Egoistische vom Bewußtsein ausgeschaltet wird beziehungsweise keine Rolle spielt, haben wir eine «jungfräuliche Geburt». Der Zeugungsakt wird vollzogen im Schlaf.

«Jungfräulich» will hier bedeuten, daß keine Verunreinigung von Seiten der Verkörperten geschieht und daß in diesen Inkarnationskräften ausschließlich und allein, das heißt rein und jungfräulich, der Wille des höheren Ich waltet, das mit seiner Aufgabe sich inkarnieren will. Rudolf Steiner schildert, wie in der alten Zeit der «Tempelschlaf» öfters dazu gedient hat, diese reinen Inkarnationen zu ermöglichen. Die Eltern haben während des Schlafes, ohne Begleitung des alltäglichen Bewußtseins, in welchem Begierden und Leidenschaften auftreten, gezeugt.

Wenn die jungfräuliche Geburt darin bestehen

würde, daß der Vater biologisch keine Rolle spielt, dann müßte man von der Maria zur Mutter der Maria weiter zurückgehen: auch sie müßte im selben Sinne «ohne Sünde» empfangen worden sein. Das würde uns zurückbringen bis zu Adam, und wir müßten den Sündenfall aufheben. Damit wäre aber die ganze Entwicklung aufgehoben, und die Menschheit müßte wieder von vorne anfangen.

Das zweite Dogma beinhaltet, daß Maria in den Himmel aufgenommen wurde mit Leib und Seele. Es ist nicht leicht, sich vorzustellen, wie diese Leiblichkeit, die in den Himmel fährt, aussieht. Sie wird zwar nicht immer in plumpem materiellem Sinne gedacht, sie darf aber andererseits nicht die Auferstehungsleiblichkeit des Christus-Wesens sein, denn seine Auferstehung ist eine einmalige. Er ist eine göttliche Wesenheit, und Maria ist eine menschliche. Gerade seine Auferstehung wird als der wesentliche Beweis seiner Göttlichkeit angesehen. Und so muß man sich fragen, wie die *Auferstehung* überhaupt von der Kirche verstanden wird.

Wenn der heutige Mensch sich hundert katholische oder protestantische Predigten zu Ostern anhören würde, um zu wissen, worin die Auferstehung besteht, so könnte er alles Gehörte in dem Satz zusammenfassen: Christus ist nicht gestorben, er lebt weiter. Diese Aussage hat aber mit der Auferstehung Christi nichts zu tun. Denn diese Aussage trifft zu für *alle* Menschen: alle leben nach ihrem Tod weiter. In den Evangelien ist dagegen die zentrale Frage der Auferstehung die Frage des *physischen Leibes*, die Frage des leeren Grabes.

Das Dogma der leiblichen Himmelfahrt Mariä ist im Grunde genommen der Versuch, die Materie zu verewigen, weil man nicht den moralischen Mut aufbringen kann, ihre Vergänglichkeit zu bejahen. Dies kann man nur, wenn der Geist wirklich als substantiell und wesenhaft erlebt wird, dessen Entwicklungsaufgabe gerade das Werk der Auferstehung des Fleisches, das heißt der *Spiritualisierung* der Materie ist.

Dadurch, daß man gedacht hat, es gäbe nur dieses eine Leben, wird dieses einzige Leben verantwortlich gemacht für die «ewige» Verdammung oder Vollendung. Ich kenne viele Katholiken, die sich – zu Recht – sehr schwertun mit dem Gedanken der «ewigen Hölle». Bei Matth. 25,46, der in diesem Zusammenhang immer zitiert wird – «Und sie werden hingehen: diese zur ewigen Strafe, aber die Gerechten in das ewige Leben» –, steht im Griechischen das *Gegenteil* von «ewig» und das *Gegenteil* von Hölle als «Strafe»: αἰώνιος (aionios) heißt «ein Äon während» (also alles andere als «ewig»: gemeint ist z.B. der Zeitäon zwischen Tod und neuer Geburt); κόλασις (kolasis) heißt: «Verstümmelung», das heißt das Gesamtresultat der *Unterlassungssünden,* dasjenige, was man hätte werden können durch Übung der Freiheit und was man *versäumt* hat, zu werden. Diese Verstümmelung ist keine Strafe, sondern *Selbst*verstümmelung. Denn im vorangegangenen «Gericht» macht Christus diese Menschen auf alle Dinge aufmerksam, die sie *nicht* getan haben: «Ich war hungrig, und ihr habt mir *nicht* zu essen gegeben» und so weiter.

So wie man sich für die Entwicklung im Negativen diese Endgültigkeit nach dem einen Leben vorgestellt hat, so auch für die Entwicklung im Positiven. Nach dem *einen* Leben der Maria wird ihr die endgültige Vollendung und Vollkommenheit durch Gnade *geschenkt.* Sie wird nicht von ihr – *auch* von ihr – im Laufe der Wiederverkörperungen freiheitlich, das heißt menschlich und individuell, durch stete Arbeit an sich selbst erst *errungen.* Die in den Himmel aufgefahrene Maria ist nicht mehr in Entwicklung begriffen: ihre Entwicklung ist vollendet, das heißt *beendet.* Wenn ihre Leiblichkeit als eine vergeistigte gedacht wird, heißt dies: diese Vergeistigung des Leibes ist nicht das allmähliche Werk ihrer Freiheit, sondern ein Wunder des Wirkens Gottes, wodurch die Gesetze des Menschseins nicht durch freie Mitwirkung des Menschen erst im Laufe der Entwicklung *verwandelt,* sondern wundersam und plötzlich *aufgehoben,* das heißt außer Kraft gesetzt werden.

Das Dogma der Unfehlbarkeit des Papstes ist der Schlußpunkt des Ringens um die Beziehung der Menschheit zur geistigen Welt. Weil man dem Menschen die Möglichkeit abgesprochen hat, individuell und direkt mit der geistigen Welt in Verbindung zu treten, muß jemand da sein, der «ex officio» diese Verbindung herstellt und aufrechterhält. Es genügt nicht, daß man sagt, daß die Kirche im allgemeinen die Verbindung mit der geistigen Welt durch Lehre und Kultus herstellt. Man empfand das Bedürfnis, um die Macht der Kirche sicherzustellen, diese prinzipiell vorhandene Kommunikation mit der geistigen Welt auf einen einzigen konkreten Menschen zu beziehen. Dies macht die Sache eindeutiger und bindender.

Der Papst als «Stellvertreter Christi» und der Kirche wird als unfehlbar erklärt – erklärt *sich selbst* als unfehlbar! – in den Äußerungen, die er «ex cathedra» macht. Zwar behauptet die Kirche, daß nur Wahrheiten als Dogmen erklärt werden dürften, die schon als solche vom gesamten christlichen Volk empfunden werden. In diesem Fall ist es ausgeschlossen, daß dieses Empfinden wirklich da war. Man fragt sich vielmehr, ob das offizielle Sanktionieren nicht eher eine Frage der Macht als der Wahrheit gewesen sei, ob dieses Dogma nicht deswegen erklärt wurde, weil ein allgemeines Empfinden seiner Wahrheit, sondern deswegen, weil die Sorge um dessen Fehlen vorhanden war.

Ich habe angedeutet, daß dieses dritte Dogma die tragische Verfinsterung des Mysteriums des Menschen-Ich darstellt. Hier wird dogmatisch dekretiert, daß nur ein einziger Mensch auf der Erde – und sogar von Amts wegen – eine reale Verbindung mit der geistigen Welt haben kann. Dies heißt zugleich, daß diese reale Verbindung allen anderen Menschen genauso prinzipiell abgesprochen wird. Man kann sich kaum eine tragischere Gotteslästerung als diese in der Menschheitsgeschichte vorstellen: eine Gottheit, die den Menschen dazu geschaffen hätte, um ihm prinzipiell zu verbieten, mit ihr wesenhaft und direkt zu kommunizieren.

Im Kommentar des Thomas von Aquino zum Johannes-Evangelium (zu Joh. 4,10, wo es um das Gespräch

mit der Samariterin geht) lesen wir, daß *jeder* Mensch –
nicht nur der Papst – dazu berufen ist, den göttlichen
Geist selbst in sich zu erleben und zu betätigen:

«Es gibt nun zwei Arten Wasser, nämlich lebendiges und
nicht lebendiges. Nicht lebendig ist einerseits dasjenige,
welches den direkten Zusammenhang mit dem Ursprung,
woher es hervorsprudelt, verloren hat: Es wird, nachdem es
aus dem Regen oder anderswoher in Lachen oder Zister-
nen gesammelt worden ist, von seinem Ursprung ab-
getrennt, aufbewahrt. Lebendiges Wasser dagegen ist
dasjenige, welches mit seinem Ursprung in direktem Zusammenhang bleibt und ihm entströmt. Demgemäß wird
also mit Recht die Gnade des heiligen Geistes lebendiges
Wasser genannt, *weil die Gnade des heiligen Geistes selbst*
auf eine solche Weise dem Menschen gegeben wird, daß die
Quelle selbst der Gnade, nämlich der heilige Geist, gegeben
wird. ...Und daher kommt es, daß wenn jemand die Gnade
des heiligen Geistes hätte und nicht den Geist, enströmt das
Wasser nicht mehr direkt seinem Urbeginn und ist deswegen
tot und nicht lebendig (quia ita ipsa gratia Spiritus sancti da-
tur homini quod tamen ipse fons gratiae datur, scilicet Spiri-
tus sanctus. ... Et inde est quod si aliquis donum Spiritus
sancti habeat, et non spiritum, aqua non continuatur suo
principio, et ideo est mortua, et non viva.)»

Der Grundnerv der Geisteswissenschaft Rudolf Steiners ist die Bewußtwerdung der Tatsache, daß jeder
Mensch ein absolut reales *geistiges Wesen* ist. Die göttliche Liebe hat alles getan, um ihm die wesenhafte Erfahrung des Geistigen durch sein intuitives Denken *zu*
ermöglichen. Daher verstehen wir, warum Rudolf Steiner bis zum Ende seines Lebens auf seine «Philosophie
der Freiheit» als auf das unentbehrliche Fundament
seiner Geisteswissenschaft hingewiesen hat.

III.

Geschichte des «christlichen»
Christentums

Ich habe bis jetzt einige Aspekte des traditionellen Christentums charakterisiert, insoweit dieses Christentum zunächst die Menschheit noch tiefer in den Materialismus hineinführen mußte. Diese Seite der vergangenen zweitausend Jahre stellt aber nur die eine Seite der Geschichte des Christentums dar. In der Geisteswissenschaft Rudolf Steiners ist etwas anderes nicht weniger wichtig, was während dieser petrinischen Phase geschieht und vorbereitet wird. Die wichtigste Wirklichkeit, die hier in Frage kommt, ist die *Christus-Wesenheit* selbst, der Auferstandene und die Art und Weise, wie er die Menschheit in diesen zweitausend Jahren begleitet hat. Durch sein übersinnliches Wirken konnte neben dem offiziellen ein *esoterisches Christentum* entstehen, das zwar zunächst als Kulturströmung vorhanden, aber verborgen war. Und wenn es nicht verborgen blieb, sondern in den Ketzerbewegungen kulturprägend werden wollte, wurde es von offizieller Seite unterdrückt. Außer dem Christus-Wirken und dem esoterischen Christentum gibt es noch einen dritten großen Faktor in dieser «positiven» Geschichte des Christentums. Das ist die *mittelalterliche Scholastik* mit ihrem Kulminationspunkt in der Philosophie des Thomas von Aquino. Wir werden sehen, auf welche Weise dieses Phänomen des exoterischen Christentums in seinem tieferen Sinne zugleich «esoterisch» ist.

Zu den schönsten Dingen, die Rudolf Steiner der
Menschheit vermacht hat, gehört dasjenige, was er mitgeteilt hat über die «Lehre des Auferstandenen», die
dieser seinen intimsten, eingeweihten Schülern erteilt
hat. Erst nach seiner Erfahrung des Todes konnte selbst
Christus seinen Jüngern berichten, was er da erleben
und lernen durfte. Der Band 211 der Gesamtausgabe ist
diesem Mysterium gewidmet. Hier seien die Worte an-
geführt, mit denen Rudolf Steiner, selbst stammelnd,
aber feierlich, versucht, in der deutschen Sprache das
wiederzugeben, was Christus damals geäußert hat:

«Der menschliche Leib ist nach und nach so dicht geworden, die Todeskräfte sind in ihm so stark geworden, daß der
Mensch zwar nun seinen Intellekt und seine Freiheit ausbilden kann; das kann man aber nur in einem Leben, das
deutlich durch den Tod geht, in dem der Tod einen deutli-
chen Einschnitt bildet, in dem ausgelöscht ist während des
Wachbewußtseins der Hinblick auf das Ewig-Seelische.
Aber aufnehmen könnt Ihr in Eure Seele eine gewisse
Weisheit: das ist die Weisheit, daß sich durch das Mysterium von Golgatha in meiner eigenen Wesenheit – so sagte
der göttliche Lehrer, der Christus zu seinen eingeweihten
Schülern – etwas vollzogen hat, von dem Ihr Euch selber erfüllen könnt, wenn Ihr Euch nur aufschwingen könnt zu der
Einsicht, daß der Christus aus außerirdischen Sphären heruntergekommen ist zu den Erdenmenschen, wenn Ihr Euch
nur aufschwingen könnt zu der Anschauung, daß es auf Erden etwas gibt, was nicht mit den Erdenmitteln angeschaut
werden kann, was nur mit höheren Mitteln als den Erdenmitteln angeschaut werden kann; wenn Ihr das Mysterium
von Golgatha als Göttereereignis, hereingestellt in das Er-

88

denleben, anschauen könnt, wenn Ihr anschauen könnt, daß ein Gott durch das Mysterium von Golgatha gegangen ist. Ihr könnt durch alles andere, was sich auf der Erde vollzieht, irdische Weisheit erringen. Die würde Euch nichts nützen, um den Tod auf menschliche Art zu verstehen, würde Euch nur dann nützen, wenn Ihr Euch ebenso wie die älteren Menschen nicht mehr für den Tod in intensiver Weise interessieren könntet. Da Ihr Euch aber dafür interessieren müßt, so müßt Ihr in Eure Einsicht eine Kraft aufnehmen, die stärker ist als alle Erden-Einsichtskraft, die so stark ist, daß sie sich sagen kann: Mit dem Mysterium von Golgatha ist etwas geschehen, das alle Erden-Naturgesetze zerbrochen hat. Wenn Ihr nur dasjenige in Euern Glauben aufnehmen könnt, was irdische Naturgesetze sind, so werdet Ihr den Tod zwar sehen können, aber Ihr werdet ihn niemals in seiner Bedeutung für das menschliche Leben erfassen können. Wenn Ihr Euch aber aufschwingen könnt zu der Einsicht, daß die Erde einen Sinn erst damit bekommen hat, daß in der Mitte der Erdenentwicklung mit dem Mysterium von Golgatha etwas Göttliches vorgegangen ist, was nicht mit irdischen Einsichtsmitteln verstanden werden kann, dann bereitet Ihr damit eine besondere Weisheitskraft – und die Weisheitskraft ist ja dasselbe wie Glaubenskraft –, eine besondere Pistis-Sophia-Kraft, eine Glaubens-Weisheitskraft. Denn es ist eine starke Kraft der Seele, wenn man sagt: Ich glaube, ich weiß durch den Glauben dasjenige, was ich niemals mit Erdenmitteln glauben und wissen kann. Es ist eine stärkere Kraft, als wenn ich nur mir zuschriebe zu wissen dasjenige, was mit Erdenmitteln ergründet werden kann. Der Mensch ist schwach – und würde er auch alle Wissenschaft der Erde bekommen –, der nur das festzuhalten weiß in seiner Weisheit, was mit Erdenmitteln festgehalten werden kann. Derjenige Mensch muß eine viel größere innere Aktivität entwickeln, der zugeben will, daß Überirdisches im Irdischen lebt.» (Den Haag, 13. April 1922, GA 211)

Der Auferstandene hat nicht nur damals Menschen unterwiesen. Er spricht übersinnlich immer und überall, denn er ist der Logos, das sprechende Weltenwort. Die Frage ist vielmehr, wann und wo es Menschen gibt, die seine geistige Stimme vernehmen können. Durch die eigene Erfahrung des Todes wußte nun Christus, warum der Mensch solche Angst hat vor dem Tode. Er verdankt soviel seiner physischen Leiblichkeit, daß er befürchtet, durch ihr Ablegen nichts mehr erleben zu können. In der griechisch-lateinischen Kulturperiode hatte sich der Mensch schon so wesenhaft mit der Materie verbunden, daß Achilleus dem Odysseus gegenüber die ganze Lage der Menschheit in dem Satz zusammenfaßte, den Rudolf Steiner nie müde wurde zu erwähnen: Besser ein Bettler auf der Erde als ein König im Reiche der Schatten! (Odyssee, 11. Ges.)

Nach dem Tode, ohne Leiblichkeit, war damals das Bewußtsein des Menschen tatsächlich schattenhaft geworden. Der Mensch hatte immer mehr das atavistische Hellsehen verloren, konnte immer weniger das Geistige real erfahren und wurde geistig ganz «arm» auf der Erde. Christus bejaht diese Armut als entwicklungsnotwendig, denn sie ist die Voraussetzung dafür, daß jeder einzelne jetzt das Geistige erst *suchen* darf, wenn er durch Ergreifen seiner Freiheit sich zum Bettler um den Geist macht.

So heißt es in der ersten «Seligpreisung» ganz wörtlich im Griechischen (Matth. 5,3): «Selig die Bettler um Geist» (Μακάριοι οἱ πτωχοὶ τῷ πνεύματι: Makarioi hoi ptochoi to pneumati). Nicht so sehr auf die Armut kommt es an, sondern auf das *Betteln*, das sie ermöglicht. Zum Bettlersein gehört ein dreifaches: 1. daß man nichts hat, 2. daß man das weiß, 3. daß man diesen Zustand überwinden will. In diesem Dreifachen haben wir den Gesamtsinn der Menschheitsentwicklung: 1. alles zu verlieren, was nur durch die göttliche Gnade gegeben war; 2. sich seiner geistigen Armut bewußt zu werden; 3. wie Parzival zu einem Fragenden, individuell und freiheitlich Suchenden zu werden. Diese Dreiheit – Sonderung, Wende, Rückkehr – gibt die Struktur zum Beispiel des Gleichnisses des sogenannten «verlorenen» (in Wirklichkeit «wiedergefundenen») Sohnes (Lk 15,11–32).

Weil jeder Mensch um der Freiheit willen zu einem Bettler um den Geist werden durfte, weil er nicht mehr ein König im Reich des Übersinnlichen – ohne Leib – und lieber ein Bettler auf der Erde sein wollte, verließ der König des Geistesreiches seine Sonnenheimat, um auf der Erde den Menschen das freiheitliche und individuelle Bettlertum um den Geist vorzuleben:

«… so lernte man in dem vierten nachatlantischen Zeitraume kennen, wie eine zeitgenössische Religionsform da war, in welcher der Impuls lebte, der den Menschen die Empfindung bringen konnte, daß in dieser physischen Welt sich etwas abspielt, was eigentlich eine göttliche Angelegenheit ist, die lebendige Widerlegung dessen, was die Griechen bis jetzt geglaubt hatten: Es ist besser, ein Bettler zu sein auf der Oberwelt, als ein König im Reiche der Schatten. – Denn nun lernten die Griechen den kennen, der als König aus dem Reiche der Götter herabgestiegen war und als Bettler sein Schicksal auf der Erde unter den Menschen ausgelebt hatte. Das war die Antwort auf die Empfindung des vierten nachatlantischen Zeitraumes.» (Vortrag vom 17. April 1912, GA 143)

Die «spirituelle Ökonomie»

So wie der Auferstandene durch seine gewaltige übersinnliche Lehre sein fortwährendes Wirken in der Menschheit inauguriert hat, so hat der Christus-Träger, Jesus von Nazareth, die dreifache Leiblichkeit, die er Christus entgegengebracht hatte, der Menschheit vermacht. Es gibt ein geistiges Gesetz, das Rudolf Steiner das Gesetz der «spirituellen Ökonomie» nennt. Die Bewußtwerdung dieses Entwicklungsgesetzes läßt uns einen tiefen Blick in die reale geistige Geschichte des Christentums werfen. So faßt Rudolf Steiner das Wesentliche dieser spirituellen Ökonomie zusammen:

«Von einer ganz besonderen Wichtigkeit wird das, was wir jetzt erörtert haben, daß durch das Herabsteigen einer Avatarwesenheit die Wesensglieder desjenigen Menschen, der Träger einer solchen Avatarwesenheit ist, vervielfältigt werden und auf andere übertragen werden, in Abbildern des Urbildes erscheinen, von einer ganz besonderen Wichtigkeit wird das durch die Erscheinung des Christus auf der Erde. Dadurch, daß die Avatarwesenheit des Christus in dem Leib des Jesus von Nazareth wohnte, war die Möglichkeit gegeben, daß sowohl der Ätherleib des Jesus von Nazareth unzählige Male vervielfältigt wurde als auch der astralische Leib und sogar auch das Ich, das Ich als ein Impuls, wie er dazumal in dem astralischen Leib angefacht worden ist, als in die dreifache Hülle des Jesus von Nazareth der Christus einzog.» (Vortrag vom 15. Februar 1909, GA 109/111)

Bis zur Zeit des Augustinus hat im Christentum die Vervielfältigung des *physischen* Leibes des Jesus von Nazareth gewirkt. In diesen ersten Jahrhunderten steht deshalb das physische, historische Geschehen von Golgatha im Zentrum der Betrachtung. Die Betonung wird gelegt auf die Augenzeugen, auf diejenigen, die gesehen und gehört hatten. Noch im zweiten Jahrhundert berief man sich auf Lehrer, die Lehrer gehabt hatten, deren Lehrer direkte Schüler der Apostel gewesen waren, die noch von ihnen selbst Erinnerungen an den Klang der Stimme und an die physische Erscheinung des Herrn erzählt erhielten.

Nach dieser ersten Zeit bis etwa zum zwölften Jahrhundert wurde den Trägern des Christentums eine Kopie des *Ätherleibes* des Jesus von Nazareth einverleibt. Nur so können wir, nach Rudolf Steiner, eine Erscheinung wie die «Heliand»-Dichtung wirklich verstehen. Der Dichter verrät ein unmittelbares Wissen vom Golgatha-Geschehen, wie wenn er eine Art Paulus-Offenbarung gehabt hätte. Okkult wird die Sachlage verständlich, wenn man weiß, daß dieser Dichter in sich eine Kopie des Ätherleibes des Jesus von Nazareth trug.

In der darauf folgenden Zeit bis zum 15. Jahrhundert wurde der *Astralleib* des Jesus wichtigen Kulturträgern des Christentums einverleibt. Einen Franz von Assisi kann man nur verstehen, wenn man weiß, daß er in sich die Kräfte der *Empfindungsseele* des Jesus von Nazareth trug. Dasselbe gilt für Elisabeth von Thüringen. Die Kulturströmung der Scholastik, von der später die Rede sein wird, wird als esoterisches Wirken des Christus-Wesens verstanden, wenn man weiß, daß deren Hauptrepräsentanten ein Abbild der *Verstandesseele* des Jesus von Nazareth trugen. Wo später Menschen auftraten, die in sich Abbilder der *Bewußtseinsseele* des Jesus trugen, entstand die mittelalterliche Mystik. Seit dem 16. Jahrhundert wird *das Ich* des Jesus von Nazareth maßgebend. Diese Ichhaftigkeit hat sich zunächst bis jetzt von der egoistisch-materialistischen Seite gezeigt. Wir leben heute in der Zeit, wo das Ich zum «Christus-empfänglichen Organ» gemacht werden muß:

«Eine Kultur der Egoität ist die Kultur seit dem 16. Jahrhundert. Was muß nun in dieses Ich hineinkommen? Die christliche Entwickelung hat durchgemacht eine Entwickelung in dem äußeren physischen Leib, eine Entwickelung im Ätherleib, eine solche im astralischen Leib, und bis zum Ich ist sie hinaufgedrungen. Jetzt muß sie in dieses Ich aufnehmen die Mysterien und Geheimnisse des Christentums selber. Jetzt muß es möglich sein, das Ich zum Christus-empfänglichen Organ zu machen, nachdem eine Weile das Ich das Denken gelernt hat durch das Christentum und die Gedanken angewendet hat auf die Außenwelt. Jetzt muß dieses Ich wiederum die Weisheit finden, welche die Urweisheit des großen Avatars, des Christus selber ist. Und wodurch muß das geschehen? Durch die geisteswissenschaftliche Vertiefung des Christentums. ... Sozusagen zu dem perspektivischen Mittelpunkt der Weltenbetrachtung muß für das freigewordene Ich der neueren Zeit der Christus und das Christentum werden.

So sehen Sie, wie das Christentum sich nach und nach vorbereitet hat zu dem, was es werden soll. ... nachdem dieses Ich Denken und den Blick in die objektive Welt hinauszurichten gelernt hat, ist es jetzt auch reif, in dieser objektiven Welt in allen Erscheinungen das zu schauen, was an geistigen Tatsachen mit der Mittelpunktswesenheit, mit der Christus-Wesenheit so innig verknüpft ist: den Christus in den mannigfaltigsten Gestalten allüberall als die Grundlage zu schauen.

Damit stehen wir am Ausgangspunkte eben des geisteswissenschaftlichen Begreifens und Erkennens des Christentums, und wir erkennen, welche Aufgabe, welche Mission dieser Bewegung für Geist-Erkenntnis zugeteilt ist. Da erkennen wir zugleich die Realität dieser Mission. So wie der einzelne Mensch physischen Leib, Ätherleib, Astralleib und Ich hat, und nach und nach aufsteigt zu immer höheren Höhen, so ist es auch im geschichtlichen Werdegang des Christentums. Man möchte sagen: Auch das Christentum hat einen physischen Leib, einen Ätherleib, einen Astralleib und ein Ich, ein Ich, das sogar seinen Ursprung verleugnen kann wie in unserer Zeit, wie überhaupt das Ich egoistisch werden kann, aber doch ein Ich, das zu gleicher Zeit auch die wahre Christus-Wesenheit in sich aufnehmen und zu immer höheren Stufen des Daseins aufsteigen kann.» (Vortrag vom 15. Februar 1909, GA 109/111)

Das esoterische Christentum

So wie das eigentliche Wesen des Christentums Christus selbst ist, so ist sein unmittelbares Wirken in der Menschheit das Nächste, was wir als wesenhaft christlich auffassen dürfen. So wie es eine Geschichte des direkten Wirkens der Christus-Wesenheit gibt, so gibt es eine reale Geschichte des esoterischen Christentums. Ich habe schon angedeutet, daß das esoterische Christentum zunächst nur eine verborgene Strömung sein durfte, um dem petrinischen Christentum die Möglichkeit zu geben, die Menschheit in der Phase des tiefsten Materialismus zu begleiten.

Es ist die Aufgabe der Geisteswissenschaft, diese kulturell weniger bekannten Strömungen bekannter zu machen. Ich kann hier nur einige Phänomene kurz andeuten.

Paulus selbst hat Dionysius dem Areopagiten den Auftrag gegeben, in Athen eine esoterische Schule mit christlichem Inhalt zu gründen. Erst im sechsten Jahrhundert wurden die zunächst mündlich tradierten Inhalte dieser Schule niedergeschrieben. So entstanden die Schriften des sogenannten Pseudo-Dionysius.

«Diese christliche Esoterik wurde ja immer gepflegt neben der äußeren christlichen exoterischen Lehre. Es ist von mir schon öfter darauf hingewiesen worden, daß der große Apostel des Christentums, *Paulus,* seine gewaltige, flammende Rednergabe dazu benutzt hat, den Völkern das Christentum zu lehren, daß er aber auch gleichzeitig eine esoterische Schule begründet hat, deren Vorsteher *Dionysios Areopagita* war, der in der Apostelgeschichte (17,34) erwähnt wird. In dieser christlich-esoterischen Schule zu Athen die unmittelbar von Paulus selbst begründet war, wurde die reinste Geisteswissenschaft gelehrt.» (Rudolf Steiner, Vortrag vom 19. Mai 1908, GA 103.)

Ein anderes wichtiges Phänomen des esoterischen Christentums sind die Einweihungsschulen in den iro-schottischen Mysterien. Gleichzeitig mit dem Geschehen auf Golgatha durften diese Eingeweihten übersinnlich erleben, wie die Erlösung der Menschheit sich ereignete. Sie waren diejenigen, die ein andersgeartetes Christentum zu den germanischen Völkern brachten als das Christentum, das später von Rom ausging.

«Drüben in Asien ging vor sich das Mysterium von Golgatha, in Jerusalem spielte sich dasjenige ab, was dann traditionell historisch mitgeteilt wird in den Evangelien. Aber ohne daß irgendein menschlicher Mund eine Nachricht überbracht hätte, ohne daß irgendeine andere Verbindung dagewesen wäre, wußte man hellsichtig in den Mysterien von Hybernia in dem Momente, als das Mysterium von Golgatha sich tragisch vollzog, daß in Palästina das reale Mysterium von Golgatha vor sich ging. In den Mysterienstätten von Hybernia vollzog sich das symbolische Bild gleichzeitig. Man lernte dort nicht durch Tradition, man lernte dort kennen das Mysterium von Golgatha auf spirituelle Art. Und während sich das großartigste, majestätischste Ereignis in Palästina in äußerer physischer Tatsächlichkeit zugetragen hat, hatten sich in den Mysterien von Hybernia jene Kulthandlungen vollzogen, durch die dort im Astrallichte ein lebendes Bild des Mysteriums von Golgatha da war.» (Vortrag vom 29. Dezember 1923, GA 233.)

Zu der Zeit, als in Rom der Grundsatz Christi: «Mein Reich ist nicht von dieser Welt» sich umkehrte, haben wir im Norden ein geistiges Christentum, das durch die Strömung des Grals weiter gepflegt wird, um dann gegen Ende des Mittelalters in das Rosenkreuzertum hineinzumünden.

So schildert Rudolf Steiner im Vortrag vom 31. Dezember 1923 (GA 233):

«...das Mysterienwesen in der physischen Welt ging immer mehr und mehr zurück. Die äußeren Heimstätten, die Begegnungsstätten waren zwischen Göttern und Menschen, verloren immer mehr und mehr ihre Bedeutung. Sie hatten sie fast vollständig verloren im 13., 14. nachchristlichen Jahrhundert. Denn wer den Weg finden wollte zum Beispiel zum Heiligen Gral, der mußte geistige Wege zu gehen verstehen. Physische Wege war man gegangen in der alten Zeit, vor dem Brande von Ephesus. Geistige Wege mußte man gehen im Mittelalter.

Insbesondere aber mußte man geistige Wege gehen, wenn es sich darum handelte, vom 13., 14. Jahrhundert, namentlich aber vom 15. Jahrhundert ab eine wirkliche Rosenkreuzer-Unterweisung zu erlangen. Denn die Tempel der Rosenkreuzer waren tief verborgen für das äußere physische Erleben. Viele wirkliche Rosenkreuzer waren Besucher der Tempel, aber kein äußeres physisches Menschenauge konnte die Tempel finden. Schüler aber konnte es geben, die kamen zu diesen alten Rosenkreuzern, die da und dort wie Eremiten des Wissens und der heiligen Menschentat zu finden waren, zu finden waren für denjenigen, der aus mildem Augenglanz Göttersprache vernehmen kann. Ich sage damit nichts Uneigentliches. Ich will kein Bild aussprechen, ich will durchaus eine Wirklichkeit aussprechen, die in der Zeit, auf die ich deute, wirklich eine recht bedeutsame Wirklichkeit war. Den Rosenkreuzer-Meister fand man, wenn man sich erst die Fähigkeit erworben hatte, im physischen milden Augenglanz die Himmelssprache vernehmen zu können. Dann fand man in anspruchslosester Umgebung, in anspruchslosesten menschlichen Verhältnissen, gerade im 14., 15. Jahrhundert in Mitteleuropa diese merkwürdigen Persönlichkeiten, die in ihrem Inneren gotterfüllt waren, die in ihrem Inneren zusammenhingen mit den geistigen Tempeln, die vorhanden waren, zu welchen aber der Zugang wirklich so schwierig war wie derjenige, der als Zugang zum Heiligen Gral in der bekannten Legende geschildert wird.»

Die Geisteswissenschaft Rudolf Steiners knüpft esoterisch direkt an diese Strömungen an und ist im tiefsten Sinne ein Wiederaufleben des esoterischen Christentums.

Im Zusammenhang mit diesem Christentum, das zunächst nicht kulturell maßgebend werden durfte, ist das Entstehen von *Legenden* und *Sagen* sehr wichtig. Legenden können durch Bilder die tiefsten auch geschichtlichen Wahrheiten enthalten, aber in freilassender Form. So gibt es eine Legende von Barlaam und Josaphat, die einem Johannes von Damaskus zugeschrieben wird und die davon erzählt, wie der indische Josaphat, das heißt der Bodhisattva als Nachfolger des Buddha, vom Christen Barlaam zum Christentum bekehrt wird. Diese Geschichte will ganz ernst genommen werden: Sie will sagen, daß die Strömung des Buddhismus geistig real in das Christentum hineinmündet. Eine andere Sage, die im Mittelalter in ganz Europa verbreitet und beliebt war, ist die Sage vom Ewigen Juden (Ahasverus), auf die ich später noch zurückkommen werde.

Die mittelalterliche Scholastik – der intellektuelle Sündenfall und die Erlösung des Denkens

Die Berechtigung des traditionellen Christentums zeigt sich ganz besonders in seiner positiven Seite im Aufblühen der Scholastik im Mittelalter. Zu wiederholten Malen hat Rudolf Steiner betont, daß niemals vorher und niemals nachher in der Menschheit eine so hohe und ausziselierte Denkkunst entwickelt worden ist. Der Wert der Philosophie des Thomas von Aquino besteht mehr noch in der Methodik und in der Gewissenhaftigkeit des Denkens als in den Inhalten, die schon beachtlich genug sind. Diese Scholastiker lebten ganz und gar im Element des Denkens drinnen.

Es war für Rudolf Steiner ein tiefes Bedürfnis, einmal in einer kleinen Reihe von Vorträgen das Wesentliche der Philosophie des Thomas von Aquino darzustellen. Diese Vorträge befinden sich im Band 74 der Gesamtausgabe. (Ich gehöre selbst zur letzten Generation, die vor dem zweiten Vatikanischen Konzil Thomas von Aquino noch gründlich studiert hat. Ich habe noch acht Semester lang Vorlesungen in lateinischer Sprache besucht. Man nannte diese Strömung Neo-Thomismus. Das Haus, in dem wir lebten, hieß «Scholastikat», und wir wurden «Scholastiker» genannt. Nach dem Konzil wurde vieles anders, und Thomas von Aquino hörte auf, diese zentrale Rolle zu spielen.)

Diese Denker des Mittelalters haben eine ganz andere Dimension des Sündenfalls erlebt als die moralisch-moralisierende, die die übliche war. Sie haben den Sündenfall viel mehr als Angelegenheit des Bewußtseins und des Intellektes aufgefaßt und erlebt denn als eine Angelegenheit der Moral. Ihnen war es klar, daß sowohl das Gute wie auch das Böse Bewußtsein voraussetzen und daß der ursprüngliche «Sündenfall» erst die Bedingungen geschaffen hat, um überhaupt die Früchte des Baumes der Erkenntnis pflücken zu dürfen. Was sie als gefallene Intellektualität erlebten, war die Unfähigkeit des Menschendenkens, in die tiefsten Mysterien der geistigen Welt und der Gottheit einzudringen.

Das Menschendenken kann von sich aus – so sagten

sie sich – nur bis zu einer gewissen Grenze gelangen. Was jenseits dieser Grenze liegt, muß dem Menschen durch göttliche Offenbarung mitgeteilt werden, und der Mensch muß es durch den Glauben entgegennehmen. Was die Gottheit selbst betrifft, kann die menschliche Vernunft zum Beispiel ihre Existenz gerade noch «beweisen». Aber daß diese Gottheit aus einer Trinität besteht, daß von dieser Trinität der Sohn sich inkarniert hat, um die Menschheit zu erlösen, daß durch die Wandlung das Brot zum Leib Christi wird ... all dies kann das Menschendenken nicht durch eigene Kraft erkennen.

Der «intellektuelle Sündenfall» besteht für diese Denker darin, daß der menschliche Geist sich «abgesondert» hat vom direkten und wesenhaften Erleben des Geistigen. So wurde von ihnen auch die Frage der Erlösung weniger von der Seite der Moral als von der Seite des Bewußtseins gestellt, denn wenn das Menschendenken nichts dafür kann, daß es in dieser Sonderung vom Geistigen lebt, so darf man das auch nicht als Sünde im moralischen Sinne bezeichnen. Wenn in der Menschheit immer die Sehnsucht nach Erlösung vorhanden war, so wurde für die Scholastiker diese Sehnsucht zu einer Sehnsucht nach Erlösung *des Denkens*. Wenn der Mensch überhaupt erlösbar ist, so muß als erstes das menschliche Denken erlöst werden.

Diese Gedanken, die sich in dieser Form eigentlich erst aus der Geisteswissenschaft ergeben, konnten die damaligen Scholastiker nicht so denken. Um so mehr wurden sie erlebt als Frage in den Tiefen des Gemüts. Auf diese halbbewußt, aber innerlichst durchlebte und durchlittene Frage der Scholastiker weist Rudolf Steiner nachdrücklich hin. Als tragisch empfanden Thomas und Albertus zum Beispiel die Tatsache, daß manche Denker so weit gegangen waren, zu behaupten, daß der menschliche Intellekt so sündhaft geworden ist, daß er zu «Wahrheiten» von sich aus kommen kann, die den geoffenbarten Wahrheiten direkt widersprechen und somit reale Irrtümer sind. Das wollten Thomas und Albertus nicht gelten lassen. Ihr Vertrauen zum Menschendenken, ihre unermüdliche Pflege der Vernunft brachte eine solche Schätzung der Kraft des Menschengeistes mit sich, daß sie diese Behauptung als unerträglich, ja sogar als Gotteslästerung empfanden. Wir haben hier die berühmte Kontroverse der «doppelten Wahrheit». Rudolf Steiner sagt dazu:

«Diese Frage glimmt gewissermaßen in den Untergründen der Seele bis zu Albertus und Thomas hin. In den Untergründen der Seele glimmt die Frage: Ja, haben wir nicht auch in unserem Denken, in dem, was wir als Vernunft in uns sehen, die Erbsünde aufgenommen? Ist es nicht gerade, weil die Vernunft abgefallen ist von der Geistigkeit, daß uns die Vernunft andere Wahrheitsgehalte vorgaukelt als die wirkliche Wahrheit? – Nehmen wir in unsere Vernunft den Christus auf, nehmen wir in unsere Vernunft etwas auf, was diese Vernunft also umwandelt, was diese Vernunft weiterentwickelt, dann erst stellt sie sich in Einklang mit der Wahrheit, die der Glaubensinhalt ist. Die Sündhaftigkeit der Vernunft lag in einer gewissen Weise zugrunde, indem die Denker in der voralbertinischen und vorthomistischen Zeit von zwei Wahrheiten sprachen. Mit der Lehre von der Erbsünde und der Lehre von der Erlösung durch Christus wollten sie Ernst machen. Sie hatten noch nicht die Gedankenkraft, die Logizität dazu, aber sie wollten das ernsthaft machen. Sie legten sich die Frage vor: Wie erlöst der Christus in uns die Wahrheit der Vernunft, die der geistig geoffenbarten Wahrheit widerspricht? Wie werden wir bis in das Innerste hinein Christen?» (Vortrag vom 23. Mai 1920, GA 74)

Dieses Ringen um die Erlösung des menschlichen Denkens war zugleich das Ringen um die menschliche Individualität und ihre Unsterblichkeit. Die arabischen Aristoteliker, besonders Averrhoes, hatten behauptet, daß es nur einen allgemeinen Intellekt gibt. Ein Tropfen von diesem Weltverstand sondert sich bei der Geburt ab und verbindet sich mit der Leiblichkeit. Beim Tode wird dieser wiederum absorbiert in dieses Einheitliche, und von individueller Unsterblichkeit ist keine Rede. Die Scholastiker haben Aristoteles ganz anders interpretiert. Durch die christliche Perspektive ergab sich die Notwendigkeit, den Menschen als geistige *Individualität* aufzufassen. Die individuelle Ichhaftigkeit ist überhaupt die Voraussetzung für die Zurechnungsfähigkeit im moralischen Sinne.

Hier sehen wir, wie entscheidend das Wirken des Christus-Impulses in der Menschheit gewesen ist. Um geistig individuell zu sein nach dem Tode, muß man es auch sein während des Lebens. Die Verbindung mit der Leiblichkeit hat den Sinn, Individualität durch Bewußtwerdung des Ich wesenhaft entstehen zu lassen. In der Sprache der Geisteswissenschaft: Die Verbindung mit dem Spiegelungsapparat der Leiblichkeit läßt das *Bewußtsein* des Ich entstehen und somit die Vollgültigkeit der Selbsterfahrung als Ich-Erfahrung, die dann auch in einer rein geistigen Welt ohne Leiblichkeit fortbestehen kann. Ein Ich-Wesen, das seiner selbst noch nicht bewußt ist, ist noch nicht voll ichhaft und individuell (vgl. den Anfang des 9. Kapitels von Rudolf Steiners «Philosophie der Freiheit»).

Sowohl für die Frage der Erlösung des Denkens wie auch für die Frage der individuellen Unsterblichkeit fehlte den Scholastikern die entscheidende Perspektive, weil das menschliche Bewußtseins damals noch nicht imstande war, diese Perspektive in ihrer vollen Tragweite zu würdigen. Es ist die schon erwähnte Perspektive der *Entwicklung*. Schon allein die Tatsache, daß man von den wiederholten Erdenleben nicht mehr wußte, konnte es nahelegen, das Menschenwesen eher statisch als dynamisch zu betrachten. So haben auch diese Denker sowohl den Intellekt wie auch die Unsterblichkeit eher in ihrem Ist-Zustand betrachtet als unter dem Gesichtspunkt des Dynamismus der Entwicklung.

Erst durch die heutige Geisteswissenschaft wird es möglich, sich bewußt zu machen, daß die Jahrtausende der Entwicklung dazu da sind, erst die Erlösung des Denkens freiheitlich zu *erwirken* und die individuelle Unsterblichkeit zu *erringen*. Die Antwort der Geisteswissenschaft auf die durchlittene Frage nach der Erlösung des Denkens, mit der die Scholastiker in den Tod gegangen sind, ist schlicht und erschütternd zugleich: Das menschliche Denken ist *erlösbar*, das heißt *entwickelbar*. Weil der Sinn der Entwicklung und das Wesen des Menschen in der Erfahrung der Freiheit besteht und weil das Denken wiederum das Wesen der

Freiheit ausmacht, darf der Mensch nicht erwarten, daß er von der Gnade allein erlöst oder befreit werden könne. Die einzige wahre Erlösung, die es für den Menschen geben kann, ist die Potentialität der Freiheit; aber sie darf nicht mehr als ein Vermögen sein, denn die Aktualisierung ist die Aufgabe des Menschen selbst. Darin besteht die Freiheit.

Das Denken ist weniger dazu da, die äußere Wirklichkeit abzubilden, als vielmehr dazu, dem Menschen selbst die eigene Menschwerdung als Wesen der Freiheit zu ermöglichen. So wie das Wesen des Weizenkorns nicht in seinem Ernährungswert liegt, sondern in den Lebenskräften, die eine neue Pflanze hervorsprießen lassen, so besteht das Wesen des Denkens nicht in der Beziehung zur äußeren Wirklichkeit, sondern in dem, was durch es der Mensch selber wird.

«Und wie das, daß wir das essen, wahrhaftig nicht bei der Wesenserklärung des Pflanzenwachstums eine Rolle spielen soll, so darf auch nicht die Frage nach dem Erkenntniswerte dessen, was in uns als Entwickelungsimpuls lebt, die Grundlage für eine Erkenntnistheorie sein, sondern es muß klar sein, daß das, was wir im äußeren Leben Erkenntnis nennen, ein Nebeneffekt ist der Arbeit des Ideellen in unserer Menschenwesenheit. Da kommen wir zu dem Realen desjenigen, was ideell ist. Es arbeitet in uns. Und nur dadurch ist der falsche Nominalismus, ist der Kantianismus entstanden, daß man die Erkenntnisfrage so aufgeworfen hat, wie man die Frage nach dem Wesen des Weizens von der Nahrungsmittelchemie aus aufwerfen würde.

So kann man sagen: Erst wenn man darauf kommt, was in unserer Zeit der Thomismus sein kann, was der Thomismus für die Gegenwart sein kann, wie er aufsprießt gerade aus dem, was sein Bedeutendstes im Mittelalter ausmacht, dann sieht man ihn aufsprießen in seiner Gestalt für das 20. Jahrhundert in der Geisteswissenschaft, dann ist er als Geisteswissenschaft wieder da.» (Vortrag vom 24. Mai 1920, GA 74.)

Dadurch, daß Individualität *entsteht* wesenhaft durch die Übung der Freiheit und des Schöpfertums im Denken, entsteht zugleich die Wesenhaftigkeit der geistigen Individualität des Menschen auf ethischem Gebiet. Indem das Denken selbst zum moralischen Tun der Freiheit und zur höchsten moralischen Verantwortung wird, erlebt das Individuum, im Hinblick auf das Handeln, die Kraft des Denkens als moralische Phantasie und moralische Intuition. Es entsteht dasjenige, was Rudolf Steiner im zweiten Teil der «Philosophie der Freiheit» *ethischen Individualismus* nennt, wo es nicht von vornherein heißt, daß der Mensch eine freie Individualität im Handeln ist, sondern daß er zu einer solchen *werden* darf.

Das Mysterium der Transsubstantiation, von dem vorhin schon die Rede war, wird eigentlich erst in diesem Zusammenhang in seiner vollen Tiefe und Tragweite ersichtlich. Die Erlösung des Denkens ist zugleich die Durchchristung des Denkens. Christus macht die Wandlung, die Transsubstantiation im Denken möglich. Es ist für jeden Menschen möglich, das Geistige im Denken als substantieller zu erleben als das sinnlich Wahrnehmbare. Substantiell sein bedeutet, wirklich wirksam, ursächlich real sein. In der Unfreiheit erlebt der Mensch die Ursächlichkeit der Materie: Sie ist für ihn so substantiell, daß sie in seinem Geist fast alles bewirkt und er nur noch Wirkung ist. Durch die entwicklungsmäßige Transsubstantiation des eigenen Wesens kraft des lebendig-tätigen Denkens erlangt das *Denken* selbst die realste Substantialität und Wesenhaftigkeit, die es überhaupt gibt, und alle anderen Dinge werden von des Denkens Gnade substantiell und real. Im toten, passiven Denken lebt der Mensch *vor* Christus, vor der Transsubstantiation, vor der Freiheit. Im lebendigen Denken drinnen werden sowohl der Mensch wie auch die Welt transsubstantiiert. Wo der Geist im Denken wesenhaft erfahren wird, bekommen alle Dinge ihre geistige Substantialität.

IV.

Zukunft des Christentums durch Geisteswissenschaft

Alle bisherigen Überlegungen waren dem zweifachen Christentum gewidmet, so wie es sich in den letzten zweitausend Jahren zunächst ausgestaltet hat. Unsere Aufgabe soll fortan sein, auf die Zukunft den Blick zu richten und die Frage zu stellen: Hat das Christentum eine Zukunft – und wenn ja, welche? Welche ist, auf die Zukunft hin, die Aufgabe der Geisteswissenschaft Rudolf Steiners dem Christentum gegenüber?

Der zentrale Gedanke Rudolf Steiners im Hinblick auf das Christus-Wesen und auf das Christentum kann, wie schon erwähnt, so formuliert werden: *Christentum ist Menschentum schlechthin.*

Im Christus-Wesen hat sich nichts Übermenschliches oder Außermenschliches, geschweige denn Unmenschliches gezeigt, sondern die Vollendung alles dessen, was an Entwicklungsmöglichkeiten in jedem Menschen liegt. Christus selbst hat das Wort «christlich» niemals gebraucht und auch nicht nötig gehabt. Er nannte sich «Menschensohn», eigentlich im Gegensatz zu «Gottessohn». In der damaligen Sprache bedeutete «Gottessohn» das göttlich Geschaffene, das Gottgezeugte, das von der Vatergottheit selbst Vollbrachte. Der Mensch als «Gottessohn» ist noch kein selbständiges Wesen, ist nur Empfänger der Gnade, ist nur Wirkung des göttlichen Wirkens.

Erst, wo der *Menschen*sohn entsteht, das heißt, das vom Menschen Gezeugte, das durch menschliche Freiheit Hervorgebrachte, haben wir den freien Menschen. Der Sinn der Entwicklung besteht darin, daß der Gottessohn allmählich sich verwandelt in einen Menschensohn. Jedes Wesen ist am Anfang seiner Entwicklung ein Geschöpf und entwickelt sich im Laufe der Zeit zu einem Mitschöpfer. In der Mitte der Entwicklung war die Menschheit so tief gesunken, daß sie den «Menschensohn» zu Tode brachte und dem «Barabbas» das Leben schenkte. «Barabbas» heißt aramäisch «Sohn des Vaters». Dieser Begriff bezieht sich auf einen Menschen, der nichts Eigenes hinzufügt, sondern nur dasjenige in sich trägt, was schon bei seinem Vater vorhanden war. In den Mysterien hieß «Barabbas» – «Sohn des Vaters» – im Sinne von «Sohn des Lehrers». Der Schüler war seinem Lehrer-Guru so treu, daß er in sich nur die Geistigkeit seines Lehrers wiederholte.

Die historische Form des Christentums, die sich bis jetzt im Abendland kulturell zunächst ausgeprägt hat, war noch zu wenig Christentum im Sinne reinen Menschentums. Wenn Rudolf Steiner von einer Rückkehr zum esoterischen Christentum spricht, so meint er damit, daß das Christentum nur dadurch eine Zukunft haben kann, daß es immer wesenhafter das Universelle und das Menschheitliche verwirklicht.

«... heute haben wir nötig, wiederum zurückzukehren zu einer Erkenntnis des esoterischen Christentums. Heute haben wir nötig, wiederum zu wissen, daß nicht nur dasjenige zum Christentum gehört, was exoterisch ist, wovon die Evangelien Ahnungen zwar erwecken können. Vom Esoterischen wird heute noch wenig geredet. Aber die Menschheit muß zurückkehren zu dem, wofür ja kaum äußere Dokumente vorhanden sind, was eben durch anthroposophische Geisteswissenschaft durchschaut werden muß, was der Christus selber nach seiner Auferstehung seinen eingeweihten Schülern gelehrt hat unter der Voraussetzung, daß er es nur lehren konnte, nachdem er auf Erden ein Erlebnis gehabt hat, das er in der Götterwelt oben nicht hätte haben können, denn in der Götterwelt gibt es keinen Tod bis zu dem Mysterium von Golgatha. ...» (Vortrag vom 2. April 1922, GA 211)

Die «Philosophie der Freiheit» Rudolf Steiners als Auferstehungsimpuls, wo geschildert wird, wie der Mensch im Denken die Dramatik von Tod und Auferstehung als eigene innere Erfahrung erleben darf, gehört ganz zentral zum esoterischen Christentum. Rudolf Steiner fährt im selben Vortrag fort:

«Man muß das nur empfinden, daß man ja eigentlich nicht lebt, wenn man denkt, daß man sein Leben ausgießt in tote Verstandesbilder, und daß man ein starkes Leben braucht, um dasjenige, was in der toten Verstandesbildung ist, nun dennoch als schaffendes Leben zu empfinden, wenn man sich auf dasjenige Gebiet begibt, wo aus der Kraft des reinen Denkens heraus die sittlichen Impulse kommen, wo man die Freiheit des Menschen verstehen lernt aus den Impulsen des reinen Denkens heraus.

Das habe ich versucht darzustellen in meiner ‹Philosophie der Freiheit›. Diese ‹Philosophie der Freiheit› ist eigentlich eine Moralanschauung, welche eine Anleitung dazu sein will, die toten Gedanken als Moralimpulse zu beleben, zur Auferstehung zu bringen. Insofern ist innerliches Christentum durchaus in einer solchen Freiheitsphilosophie.

Ich wollte Ihnen mit diesen Auseinandersetzungen heute einmal von einem gewissen Gesichtspunkte aus etwas von dem esoterischen Christentum vor die Seele stellen. Es ist nötig in unserer Zeit, wo ja so viel an Streit herrscht gerade über das Wesen des Christentums, exoterisch-historisch, auf diese esoterische Lehre des Christentums hinzuweisen.» (Vortrag vom 2. April 1922, GA 211)

Entscheidend für das Entstehen eines erneuerten *eso-terischen* Christentums ist das Bewußtsein, daß das Mysterium von Golgatha als immerwährendes *Geschehen* in einem dreifachen Sinne aufzufassen ist: als ein kosmisches, als ein mystisches und als ein historisches. Die *kosmische* Dimension bezieht sich auf die Gesamtentwicklung der Erde selbst, die daran ist, von Christus von einer Erde in eine Sonne verwandelt zu werden. Alle Geschicke des Erdplaneten gehören mit zu diesem kosmischen Christentum. Die *mystische* Dimension bezieht sich auf die Entwicklungsstufen der Innerlichkeit und des Bewußtseins des Menschen. Die innere Entwicklung der Menschheit ist zugleich die Entwicklung der geistigen Innerlichkeit der Erde und des Christus-Wesens selbst. Die *historische* Dimension bezieht sich auf die Dynamik der gegenseitigen Wechselwirkung des Kosmischen und des Mystischen. Diese Dynamik ergibt die Wirklichkeit der Entwicklung im eigentlichen Sinne, und was wir Geschichte nennen, ist ein Aspekt dieser Entwicklung im umfassenden Sinne.

Die erste Ankunft und die Wiederkunft

Die neue Phase des Christentums, die durch die Geisteswissenschaft Rudolf Steiners eingeleitet wird, ist untrennbar vom Mysterium der *Wiederkunft Christi*. Schon im Neuen Testament, bei der ersten Ankunft, ist die Rede von seiner zukünftigen «Wiederkunft». Die Unterscheidung zwischen der ersten Ankunft und der

Wiederkunft und ihre Beziehung zueinander gehört zum Wichtigsten sowohl der Geisteswissenschaft wie auch des Christentums. Die Tatsache, daß zu Beginn dieses Jahrhunderts die *Geisteswissenschaft* der Menschheit gegeben worden ist, gehört wesentlich zum Gesamtgeschehen der Wiederkunft Christi.

Die erste Ankunft war das Tun Christi, die Wiederkunft ist die Antwort des Menschen. Das Mysterium von Golgatha war die Tat seiner Liebe, die er für alle vollbracht hat, ohne sie von der Antwort der Menschen abhängig zu machen. Damals ging es ja darum, erst die Voraussetzungen im Menschen zu schaffen, auf daß der Mensch eine Bewußtseinsantwort überhaupt geben könne.

Die Erfahrung der Wiederkunft dagegen vollzieht sich nicht zur gleichen Zeit für alle, sondern ist eine Sache der individuellen Entwicklung, eine Angelegenheit der Freiheit. In der ersten Ankunft ist Christus den Menschen entgegengekommen, ist bis zu ihnen auf die Erde heruntergekommen. In der Wiederkunft soll der Mensch sich erheben und ihm entgegentreten, um seine Gegenwart in einer rein geistigen Welt zu erfahren. Auch für die Erfahrung der Wiederkunft wird die Kraft des lebendigen Denkens wiederum maßgebend, denn allein im Denken vermag zunächst der Mensch ein wesenhaft Geistiges zu erfahren.

Das griechische Wort, das üblicherweise mit «Wiederkunft» übersetzt wird, hat eigentlich mit Wiederkunft nichts zu tun. Das Wort παρουσία (Parusia) bedeutet wörtlich «Dabeisein» (para-eimi), «geistige

Gegenwart». Die Übersetzung mit «Wiederkunft» erweckt die falsche Vorstellung, daß Christus Erde und Menschheit verlassen hätte und daß er später dann wieder «zurückkäme». Dem ist aber nicht so. Der bereits zitierte Satz Christi: «Ich bin mit euch bis zum Ende der Erdenzeiten», bedeutet, daß der Auferstandene immer der geistig Gegenwärtige ist. Ein Weggehen kann nur im Bewußtsein des Menschen geschehen, indem der Mensch sich von ihm, nicht Christus sich vom Menschen entfernt. Die Wiederkunft ist kein Zurückkommen seinerseits, sondern ein bewußtseinsmäßiges Zurückfinden des Menschen zu ihm.

Christus, Herr des Karma

Durch diese Unterscheidung zwischen dem Grundcharakter der ersten und der zweiten Ankunft Christi können wir ein weiteres verstehen, was in der Geisteswissenschaft Rudolf Steiners eine sehr wichtige Rolle spielt: daß Christus sein Amt als Herr des Karma in unserer Zeit antritt.

Christus, Herr des Karma: was will das bedeuten?

Rudolf Steiner schildert, wie bis zu unserer Zeit der Mensch nach dem Tode die Bilanz seines Lebens mit der Hilfe von Moses gezogen hat. Die Entwicklung stand unter der Signatur der göttlichen Gerechtigkeit. Das Mosaische Gesetz mit den zehn Geboten und den ehernen Tafeln war das Symbol dafür. Angefangen mit unserem Jahrhundert begegnet der Mensch, der stirbt, nicht mehr dem Moses, sondern dem Christus. Dieser hilft ihm, Bilanz zu ziehen und das Karma für das künftige Leben vorzubereiten.

Diese wichtige Änderung bedeutet, daß die göttliche Gerechtigkeit sich zur Grundlage und zur Bedingung der Freiheit macht und daß in der Zukunft ein gerechtes Karma nicht mehr ausreicht. Das Karma der Gerechtigkeit verwandelt sich in ein Karma der Liebe. Der Mensch fragt sich nicht mehr nur, was er tun kann, um für sich allein die begangenen Einseitigkeiten auszugleichen, sondern er wird dazu fähig, *den* Ausgleich zu wollen und zu suchen, der zugleich *allen Menschen* zugute kommt.

Daß Christus zum Herrn des Karma wird, bedeutet nicht, daß erst jetzt ein einheitliches Menschheitskarma entsteht. Dieses Karma gab es immer. Die Menschheit ist immer eines geistigen Leibes gewesen. Was in unserer Zeit neu entsteht, ist das *Bewußtsein* dieser Verwobenheit aller Menschen ineinander. In dem Maße, in dem der Mensch durch bewußtes Denken sich als Glied der Menschheit erlebt, kann er freiheitlich an der wesenhaft-geistigen Wiedereingliederung aller Menschen ineinander arbeiten als an der Gesamtaufgabe der zweiten Hälfte der Entwicklung. Im Vortrag vom 14. Oktober 1911 des Zyklus «Von Jesus zu Christus» (GA 131) führt Rudolf Steiner aus:

«Nachdem wir durch die Pforte des Todes gegangen sind, werden wir in einer späteren Zeit wieder inkarniert. Es müssen nun für uns Ereignisse eintreten, durch die unser Karma ausgeglichen werden kann; denn jeder Mensch muß ernten, was er gesät hat. Karma bleibt ein gerechtes Gesetz. Aber was das karmische Gesetz erfüllen soll, ist nicht nur für den einzelnen Menschen da. Karma gleicht nicht nur die Egoismen aus, sondern es soll der Ausgleich bei jedem Menschen so geschehen, daß sich die karmische Ausgleichung in der bestmöglichen Weise in die allgemeinen Weltangelegenheiten hineinfügt. Wir müssen unser Karma so ausgleichen, daß wir in der bestmöglichen Weise den Fortschritt des ganzen Menschengeschlechtes auf der Erde fördern können. Dazu brauchen wir eine Erleuchtung; dazu bedarf es nicht nur des allgemeinen Wissens, daß für unsere Taten die karmische Erfüllung eintreten muß, weil für eine Tat diese oder jene karmische Erfüllung eintreten könnte, die ein Ausgleich sein kann. Weil aber die eine nützlicher, die andere weniger nützlich sein könnte für den allgemeinen Fortschritt der Menschheit, so sollen diejenigen Gedanken, Gefühle oder Empfindungen gewählt werden, die unser Karma abtragen und zugleich dem Gesamtfortschritte der Menschheit nützlich werden. Einzureihen unseren karmischen Ausgleich dem allgemeinen Erdenkarma, dem allgemeinen Fortschritt der Menschheit, das fällt in Zukunft dem Christus zu.»

Das Einschneidende des Christus-Ereignisses bezeichnet Rudolf Steiner wiederholt als Übergang von der Blutsverwandtschaft zur Wahlverwandtschaft. So wie vor Christus die Kräfte des Blutes entscheidend und tragend waren für das Denken und das Tun des Menschen, so muß nach Christus auch in den Beziehungen zwischen den Menschen immer mehr Freiheit herrschen. Aber Freiheit heißt auch hier: Bewußtsein. Auch hier sehen wir, daß der zentrale Unterschied zwischen dem Christentum der ersten und dem Christentum der zweiten Ankunft ein Unterschied des *Bewußtseins* ist. Das Christentum der Wiederkunft ist ein Christentum der Erkenntnis.

Wahlverwandtschaft heißt, in der Freiheit der Erkenntnis zu wissen, welche Menschen karmisch zu mir gehören, und zu erkennen, welche Entwicklungsmöglichkeiten diese karmischen Verbindungen in sich enthalten. Beim Sterben Christi am Kreuz, als das Blut aus den Wunden floß, wird das Entwicklungsgesetz der Wahlverwandtschaft gestiftet. Der Mutter wird gesagt: «Siehe deinen Sohn.» Dem Jünger wird gesagt: «Siehe deine Mutter» (Joh. 19,26–27). Aber diese zwei Menschen haben blutsmäßig nichts miteinander zu tun. Die Wahlverwandtschaft ist die Verwandtschaft der gemeinsamen Ideale, die Kommunion des gemeinsamen Idealismus. Je umfassender und «menschlicher» die Ideale eines Menschen, desto menschheitlicher seine Wahlverwandtschaft.

Diese Perspektive des einheitlichen Karma der Gesamtmenschheit und des Wesens der Liebe als Herrn des Karma fehlte zunächst in den vorchristlichen Religionen. Da wurde die Erlösung mehr als persönliche Angelegenheit angesehen. Die Menschheit konnte noch nicht als einheitlicher Organismus erlebt werden, in dem kein privates Heil irgendeines Gliedes möglich ist ohne das Heil des Ganzen. Die Individualität war noch keimhaft und schwach, weil sie ihre Verantwortung für den Gesamtorganismus der Menschheit noch nicht erkennen und übernehmen konnte.

Ein ähnliches gilt für die Beziehung des Menschen zur Natur und zur Erde. In den vorchristlichen Religionen wollte der Mensch die Materie verlassen, sich aus der Erde herauslösen, ohne bewußt die Frage stellen zu können nach dem weiteren Schicksal der Erde selbst und ihrer Naturreiche. Es hat einen gewaltigen Eindruck auf mich gemacht, bei Rudolf Steiner zu lesen, daß alle vorchristlichen Religionen «Erlösungsreligionen» waren – im Gegensatz zum Christentum, das keine Erlösungsreligion ist, sondern eine «Auferstehungsreligion». Damit ist gemeint, daß Christentum nur dort entsteht, wo zugleich ein Bewußtsein entsteht der Verantwortung, die der Mensch trägt für die Entwicklung der Natur und der Erde. Erlösung geschieht, wo der Mensch aus der Erde heraus sich erlöst. Auferstehung geschieht, wo der Mensch die gesamte Erde miterlöst im Laufe der Entwicklung durch einen Prozeß der Verwandlung und der Vergeistigung.

Im folgenden Zitat nimmt Rudolf Steiner besonderen Bezug auf den Buddhismus. Was über ihn gesagt wird, gilt aber für alle vorchristlichen Religionen:

«‹Erlösung von den Leiden des Daseins!› das ist es, was der Buddhismus vor allem in den Vordergrund stellt. Das macht ihn zu dem, wodurch man ihn bezeichnen kann als eine ‹Erlösungsreligion› im eminentesten Sinne des Wortes, eine Religion der Erlösung von den Leiden des Daseins, und weil mit allem Dasein Leid verknüpft ist, von dem Dasein, das heißt, von dem Verlauf der Wiedergeburten des Menschen überhaupt! …

Es ist nun nicht richtig, und das könnte eine jede einfache Betrachtungsweise zeigen, wenn man das Christentum in demselben Sinne eine ‹Erlösungsreligion› nennen wollte wie den Buddhismus. Wenn man das Christentum von diesem Gesichtspunkt aus in der richtigen Weise neben den Buddhismus stellen will, so könnte man es eine ‹Religion der Wiedergeburt› nennen. Denn das Christentum geht aus von der Erkenntnis, daß alles, was in dem einzelnen Leben eines Menschen vor uns steht, Früchte ergibt, welche für die innerste Wesenheit des Menschen wichtig und wert sind, und die hinübergetragen werden vom Menschen in ein neues Leben und dort auf einer höheren Vollkommenheitsstufe ausgelebt werden ...

Goethe wollte eine strebende Individualität hinstellen, die sich bewußt war, daß alles, was im Erdendasein errungen ist, bleibend sein muß, der Ewigkeit einverwoben sein muß: ‹Es kann die Spur von meinen Erdentagen nicht in Äonen untergehn!›

Das ist der wahre, der realistische christliche Impuls, der zur Wiedererweckung der Erdentaten in ihrer Vergeistigung führt. Das ist Auferstehungs-Religion!» (Vortrag vom 2. Dezember 1909, GA 58)

Ethischer Individualismus –
die Individualisierung des Willens

Die Entwicklung des Christentums ist noch nicht zu Ende, sondern erst am Anfang. Das Neue in der Geisteswissenschaft Rudolf Steiners ist nicht die Tatsache, daß sie den Menschen automatisch «christlicher» macht. Sie dient vielmehr dazu, ihm ein Bewußtsein zu vermitteln davon, daß er noch ganz am Anfang ist sowohl seiner Menschwerdung als auch seiner Durchchristung.

Wenn wir die Frage stellen: Was ist reines Menschentum? so finden wir nicht nur bei Steiner, sondern auch im besten traditionellen Christentum eine zweifache Antwort. Das Menschsein besteht aus zwei Grunddimensionen: aus dem *Universellen* und dem *Individu-ellen*. Jeder Mensch ist schlechthin Mensch wie alle anderen; und jeder Mensch ist auf ganz andere Weise Mensch als jeder andere. Die universelle Perspektive wird im Bewußtsein real in dem Maße, in dem die ganze Menschheit als einheitlicher Organismus immer tiefer und konkreter verstanden und erlebt wird. Das Individuelle ist nicht weniger Sache des Bewußtseins und verlangt von jedem eine immer wesenhaftere Identifizierung des Ichbewußtseins mit dem wahren Ich selbst.

Das höhere Ich eines jeden Menschen ist ein individuelles Glied im geistigen Organismus der ganzen Menschheit und bringt das Menschsein auf ganz einzigartige und einmalige Weise zur Ausprägung. Die Kraft der moralischen Phantasie, wovon im zweiten Teil der «Philosophie der Freiheit» die Rede ist, umfaßt die Gesamtheit der Talente und Begabungen der ewigen Individualität. Jede Individualität kann nur wollen, was sie ist, und keine ist dasselbe wie die andere, oder sie wäre keine Individualität. Im 9. Kapitel der «Philosophie der Freiheit» schreibt Rudolf Steiner:

«*Leben* in der Liebe zum Handeln und *Lebenlassen* im Verständnisse des fremden Wollens ist die Grundmaxime der *freien Menschen*. Sie kennen kein anderes *Sollen* als dasjenige, mit dem sich ihr Wollen in intuitiven Einklang versetzt; wie sie in einem besonderen Falle *wollen* werden, das wird ihnen ihr Ideenvermögen sagen.» (GA 4, 1978, S. 166)

Der Wille des anderen Menschen wird hier als ein *frem-der* bezeichnet. Dieses Wort will in seiner ganzen Trag-weite erfaßt werden. Es wurde sogar in der Ausgabe von 1918 hinzugefügt. Im 1. Zusatz zum 10. Kapitel faßt Rudolf Steiner zusammen, was in den vorangegange-nen Kapiteln über die Polarität zwischen dem Individu-ellen und dem Universellen vorgebracht worden ist:

«Für eine Einsicht, die durchschaut, wie Ideen intuitiv *er-lebt* werden als ein auf sich selbst beruhendes Wesenhaftes, wird klar, daß der Mensch im Umkreis der Ideenwelt *beim Erkennen* sich in ein für alle Menschen Einheitliches hin-einlebt, daß er aber, wenn er aus dieser Ideenwelt die In-tuitionen für seine Willensakte entlehnt, ein Glied dieser Ideenwelt *durch dieselbe Tätigkeit* individualisiert, die er im geistig-ideellen Vorgang beim Erkennen als eine allge-mein-menschliche entfaltet. Was als logischer Widerspruch erscheint, die allgemeine Artung der Erkenntnis-Ideen und die individuelle der Sitten-Ideen: das wird, indem es *in sei-ner Wirklichkeit* angeschaut wird, gerade zum lebendigen Begriff. Darin liegt ein Kennzeichen der menschlichen We-senheit, daß das intuitiv zu Erfassende *im Menschen* wie im lebendigen Pendelschlag sich hin- und herbewegt zwischen der allgemein geltenden Erkenntnis und dem individuellen Erleben dieses Allgemeinen. Wer den einen Pendelaus-schlag in seiner Wirklichkeit nicht schauen kann, für den bleibt das Denken nur eine subjektive menschliche Betäti-gung; wer den andern nicht erfassen kann, für den scheint mit der Betätigung des Menschen im Denken alles indivi-duelle Leben verloren. Für einen Denker der erstern Art ist das Erkennen, für den andern das sittliche Leben eine un-durchschaubare Tatsache. Beide werden für die Erklärung des einen oder des andern allerlei Vorstellungen beibrin-gen, die alle unzutreffend sind, weil von beiden eigentlich die Erlebbarkeit des Denkens entweder gar nicht erfaßt oder als bloß abstrahierende Betätigung verkannt wird.» (GA 4, 1978, S. 182)

Wahres Menschentum wird in der Menschheit in dem Maße entstehen können, in welchem jeder Mensch immer reiner und konsequenter seine Individualität verwirklicht, das heißt sich immer weiter individualisiert. Keine zwei Individualitäten können dasselbe wollen. Jeder einzelne Mensch ist eine Art, eine «Spezies» für sich. Manche sagen, daß die Liebe darin besteht, daß zwei oder mehrere dasselbe wollen. Nach der «Philosophie der Freiheit» wäre aber dieses «dasselbe wollen» das Wesen des Unmoralischen. Denn wo dasselbe gewollt wird, wird eine oder es werden mehrere Individualitäten ausgelöscht. Und weil die menschliche Individualität die Summe des moralisch Guten und zugleich die Gesamtheit der moralischen Verantwortung eines jeden darstellt, so kann man mit Fug und Recht sagen: Wo die Individualisierung des Willens, obwohl sie möglich wäre, verhindert oder unterbunden wird, haben wir das Urphänomen des Unmoralischen.

Die Zukunft des Gemeinschaftlichen in der Menschheit wird nie mehr darin bestehen können, daß dasselbe gewollt wird. Dieser angeblich gemeinsame Wille ist immer der Wille einer oder mehrerer Individualitäten, der den anderen aufgezwungen wird. Selbstverständlich müssen für eine Zusammenarbeit Vereinbarungen getroffen werden. Aber diese Vereinbarungen sind *Rahmenbedingungen* und niemals für den einzelnen das eigentlich Gewollte. In den Rahmenbedingungen drinnen muß jeder dann wissen, was er ganz individuell will. Wo der Inhalt des individuellen Willens nicht *hinzugefügt* wird, bleiben die Rahmenbedingungen ein leeres, sinnloses Gefäß. Die großen Schwierigkeiten, die die Menschen heute erleben im Umgang miteinander, kommen nicht daher, daß sie nicht dasselbe wollen wollen, sondern daher, daß die meisten nicht wissen, was sie individuell wollen.

Die meisten Menschen erwarten von den Einrichtungen, in denen sie wirken, das heißt vom Gemeinsamen, die Erfüllung des Individuellen. Dies ist natürlich ein absoluter Widerspruch, denn Gruppenseelenhaftigkeit kann unmöglich die Erfüllung des Individuellen sein. Derjenige wird die Institution am meisten kritisieren und anklagen – sich am heftigsten gegen sie wenden –, der von ihr am meisten erwartet. Er wird immer enttäuscht werden müssen, weil sie ihm nicht die ganz individuelle Selbstverwirklichung geben kann, die er sucht.

Nehmen wir an, wir hätten eine Gemeinschaft von zehn Menschen mit einer sogenannten gemeinsamen Aufgabe (Schule, Krankenhaus etc.), und diese zehn Menschen wären etwa wie Goethe und Schiller. Wie würden sie das Gemeinsame gestalten? Sie würden zwei Ebenen klar voneinander unterscheiden. Die erste ist die Ebene der Rahmenbedingungen, die gemeinsam gestaltet werden müssen. Sie gehören unverzichtbar zum «Gesamtwillen», wovon unten die Rede sein wird. Diese Rahmenbedingungen werden dazu tendieren, möglichst minimal zu bleiben, weil keiner sich von ihnen das individuelle Glück verspricht. Es genügt für jeden, daß diese Bedingungen die Entfaltung des eigenen Individuellen nicht direkt verhindern, sondern möglich machen. So minimal die Rahmenbedingungen sind – und immer offen für Revision und Änderungen, denn sie sind nur Mittel zum Zweck –, so wichtig und ernst sind sie zugleich für jeden, weil jeder sich bewußt macht, daß sie die *notwendigen* Bedingungen für die Entfaltung jeder Individualität sind. Das Übertreten oder das Mißachten der gemeinsam vereinbarten Bedingungen wird als das moralisch Gravierendste erachtet. Es lebt in jedem die Achtung der Rahmenbedingungen als untrennbar von der Achtung jeder menschlichen Individualität selbst.

Die andere Ebene ist die des individuellen Willens eines jeden Menschen. Je wesenhafter der wahre individuelle Wille erkannt und ausgeführt wird als der Wille des eigenen höheren Ich, desto unterschiedlicher und differenzierter werden die Willensinhalte bei verschiedenen Menschen. Es entsteht die größte Vielfalt der Ich-Entfaltungen, und es wird jedem ganz unerträglich, daß auch nur zwei Individualitäten dasselbe zu wollen wünschten, denn sie würden dadurch *aufhören*, Individuen zu sein. Was hier und jetzt für den einen das Gute ist, ist für den anderen nicht gut.

Goethe hat niemals vom Weimarer Hof die Erfüllung seiner Individualität erwartet. Er hat sicherlich niemals gedacht, daß alle anderen dasselbe wollen sollten wie er oder er dasselbe wie die anderen. Sonst hätte jeder einen «Faust» oder einen «Wilhelm Meister» wollen müssen, und zwar genau so, wie Goethe sie «gewollt» hat. Aber gerade dieses ist mit der Individualisierung des Willens gemeint: daß ein Goethe aus der Überfülle der Begabungen seiner Individualität wußte, was er wollte. Ihm war klar, nicht nur, daß kein anderer dasselbe wie er wollen sollte, sondern vielmehr, daß kein anderer dasselbe wollen konnte. Der Wille des höheren, wahren Ich ist ganz individuell, das heißt in jeder Lebenssituation ganz konkret und bestimmt. Es ist das Bewußtsein des normalen, niederen Ich, das es schwer hat, die Abstraktionen und die Verallgemeinerungen zu überwinden, um sich die ganz individuellen moralischen Intuitionen des höheren Ich zu eigen zu machen.

Zwei Lehrer haben dieselbe Klasse mit denselben Schülern. Heißt dies, daß sie eine und dieselbe Aufgabe haben, daß sie dasselbe wollen sollten für sich und für die Schüler? Keineswegs! Wenn gesagt wird, daß sie beide Lehrer sein wollen, daß beide das Beste der Schüler wollen, daß beide die Schüler lieben wollen, so sind diese Aussagen ohne jeden konkreten und bestimmten Inhalt. Sie bleiben ganz abstrakt und allgemein und können niemals zum realen Inhalt des individuellen Willens gemacht werden.

Wenn wir auf die individuelle Konkretheit des Karma eingehen, so ist dasjenige, was der eine Lehrer in seinem wahren Ich heute vorhat, mit einem jeden seiner Schüler innerlich durchzumachen, etwas ganz anderes als dasjenige, was der andere Lehrer durchmachen wird – und, von seinem höheren Ich aus gesehen, auch will. Der eine wird *ganz anders* unterrichten als der andere. Wenn wir sogar auf dasjenige eingehen, was jeder einzelne der Schüler karmisch erleben wird mit dem einen oder dem anderen Lehrer – und jeder Lehrer mit jedem Schüler –, so ergeben sich zwei ganz unterschiedliche Unendlichkeiten von Wirkungen, die auf die zwei Lehrer zurückzuführen sind. «Das Was bedenke, mehr bedenke Wie ...»: Das Was ist das Lehrer-Sein, das sie gemeinsam haben. Aber viel wichtiger noch ist das Wie, wodurch sie so unterschiedlich voneinander sind wie zwei verschiedene Welten. Nur durch Bewußtwerdung dieses Wie kann jeder sich als Individuum erleben und Selbstverwirklichung wesenhaft vollbringen.

Oder wir haben zwei Menschen, die Mann und Frau sind. Wenn sie sich vornehmen, dasselbe zu wollen, so bleiben sie in der Abstraktion, oder sie üben gegenseitige Verwaltung aus – was ja kein seltener Fall ist. In der konkreten und individuellen Wirklichkeit der Willenskräfte hat sich vielleicht der eine, noch vor der Geburt, vorgenommen, diesmal zu einem Genie des Mutes zu werden (im letzten Leben hat er Sanftmut geübt); der andere dagegen hat sich, aus entgegengesetzten Gründen, vorgenommen, zu einem Genie der Sanftmut zu werden. Beides ist gleich berechtigt, und als Mann und Frau können sie sich gegenseitig sogar die besten Anregungen geben. Können wir aber sagen, daß sie dasselbe wollen oder sogar wollen sollen? Sicherlich nicht.

Man könnte einwenden, daß all diejenigen Menschen, die in diesem Leben den Mut üben wollen, doch wiederum einen und denselben Willen haben. Dazu muß man antworten: Es gibt so viele ganz unterschiedliche und «eigen-artige» Arten des Mutes wie es mutige Menschen gibt und geben wird. Dasselbe gilt für jede Eigenschaft, für jedes Temperament, ja sogar für jedes Gefühl. Die Freude des einen ist niemals dieselbe wie die Freude des anderen. Die Art und Weise, wie der eine Mensch liebt, ist ganz anders *geartet*, als die eines anderen. Jeder Mensch *ist* eine eigen-artige und anders-geartete Art der Liebe, der Freude, der Trauer und so weiter.

Nur in der ichlosen Nachahmung kann ein Mensch versuchen, wie ein anderer zu sein. Aber da hört er gerade auf, das zu sein, was *er* ist, ohne im geringsten das werden zu können, was der andere ist. So müßte man zum Beispiel Menschen, die so gerne einen Franz von Assisi imitieren möchten, sagen, daß die Grundeigenschaft dieses vorzüglichen Menschen darin bestand, daß er absolut originell war, daß er andere niemals nachgeahmt hat. Die einzige Art und Weise, wie er zu sein, kann folglich nur darin bestehen, daß man gründlich aufhört, wie er sein zu wollen, und daß man lernt, selber ganz originell und einmalig zu sein.

Hier muß man dem Einwand des falsch verstandenen Moralismus begegnen: Wenn jeder etwas anderes will oder sogar es wollen soll, wie ist dann ein Miteinander überhaupt noch möglich? Dazu ist zu antworten: So wie die Zukunft des freien Ich in der immer weiteren Individualisierung des Willens besteht, so besteht die Zukunft des Gemeinschaftlichen in der immer weiteren Universalisierung des Denkens. So wie in seinen moralischen Intuitionen jeder ganz individuell ist, so muß in den Erkenntnis-Intuitionen um Einigung gerungen werden, denn die Objektivität der Wahrheit ist keine individuelle Sache. Wo es nicht um dasjenige geht, was sein soll, sondern um dasjenige, was ist, da kann man durch die Objektivität des Denkens volle Kommunion erleben.

Die Schwierigkeiten in der heutigen Menschheit stammen wiederum daher, daß den meisten Menschen diese Kommunion des Wahren, des Objektiven zu luftig und zu dürftig ist. Wo die Kommunion im Denken nicht genügt, wird gestrebt nach gemeinsamen Gefühlen und Willensimpulsen. Aber diese «Gemeinsamkeit» ist keine Kommunion des Geistes, sondern der Natur. Es gibt keinen anderen Weg zur wahren Kommunion, als das eigene Denken so zu erkraften, daß es zum Auffassungsorgan des Objektiven in den Weltphänomenen wird.

Stellen wir uns wiederum eine Gemeinschaft von Menschen vor, die das Denken so geläutert hätten, daß sie immer wieder einig werden in der Feststellung des objektiv Vorhandenen. Diese Menschen würden die tiefste Freude der Gemeinsamkeit erleben. Denn Gemeinsamkeit ist nur zu finden in der Objektivität, die für alle auf gleiche Weise so ist, wie sie ist. Nehmen wir an, man würde gemeinsam zum Ergebnis kommen, daß irgend etwas, was man sich zunächst vorgenommen hatte, objektiv und tatsächlich nicht ausführbar ist. Wenn diese Menschen aufhören könnten, das zu begehren, was der Wirklichkeit widerspricht, wenn sie alle die Unmöglichkeit bejahen könnten, aus der inneren denkerischen Bereitschaft, die Wirklichkeit immer so zu nehmen, wie sie ist, dann würden diese Menschen sowohl Gemeinsamkeit wie auch innere Freiheit in hohem Maße erleben.

Rudolf Steiner wird oft vorgeworfen, daß seine Auffassung der Freiheit nicht genügend die Liebe berücksichtige. In der «Philosophie der Freiheit» ist die Rede von der «Liebe zur Tat», wo der Mensch etwas tut, nicht weil er muß aus der Notwendigkeit eines Leiblichen oder weil er soll aus der Nötigung eines Seelischen, sondern weil er will aus der Freiheit seines Geistes. Auf diese Weise ist dasjenige, was er tut, *reine Liebe.* Aber auch im Gemeinschaftlichen können wir die Freiheit so verstehen, daß sie erst in der Liebe vollkommen wird.

Die Freiheit des Egoismus ist zunächst die Freiheit der Willkür. Sie ist die negative Freiheit, das Freisein «von». Die positive Phase der Freiheit beginnt, wo man frei ist «für» etwas. Es liegt im Begriff des Organismus – und die Menschheit ist in geistiger Wirklichkeit ein einziger Organismus –, daß die individuellen Begabungen eines jeden Gliedes ganz genau den realen Bedürfnissen aller anderen entsprechen. Wenn Freiheit in der ungetrübten und ungehinderten Entfaltung der eigenen Begabungen besteht, so ist der freie Mensch der, der am meisten liebt, weil er am besten die Bedürfnisse der anderen Menschen befriedigt.

Die beste Art, den anderen zu dienen, besteht darin,

dasjenige zu tun, was man gut kann, und anderen zu überlassen, wofür man nicht taugt. Menschen, denen die Liebe ein absolutes Anliegen ist, die aber die Freiheit nicht würdigen, können nur die anderen «lieben» wollen. Dieses ist aber so unbestimmt und inhaltlos, das heißt so abstrakt wie die Jagd nach dem «Glück».

Derjenige, der das Glück will, der will gar nichts, beziehungsweise hat keine Ahnung, was sein wahres Ich jeweils ganz konkret und bestimmt will. Er wird niemals glücklich sein, denn das Glück ist eine Beigabe, die erlebt wird, wenn man mit starkem Willen etwas Bestimmtes will und ausführt. Das ganze 13. Kapitel der «Philosophie der Freiheit» will gerade dieses dartun.

So ist es mit der Liebe. Sie ist eine Beigabe der echten Freiheit, der Entfaltung der immanenten Dimensionen der Individualität. Wer am meisten *er selbst* ist, der dient den anderen am besten. Wer nur lieben will, der ist verliebt in seine Liebe. Er will egoistisch sein Liebevoll-Sein genießen. Er wird vielleicht Genuß daran haben, aber keine Freude. Denn die anderen wollen nicht, daß ihm seine Liebe wichtiger sei als sie. Sie wollen *ihn*, in seinem tiefsten und wahrsten Wesen, denn davon haben sie selber am meisten.

Menschheitlicher Kosmopolitismus – der geistige Leib Christi

Rudolf Steiner spricht in den Vorträgen über «Soziale Zukunft» (GA 332a, am 29. Oktober 1919) von drei

Grundformen des Gesellschaftlichen, die den drei Grundstufen der Menschheitsentwicklung entsprechen. Es gab in alten Zeiten eine «Machtgesellschaft», wo im sozialen Organismus ein einziger Wille herrschte, aber kein menschlicher, sondern ein göttlicher. In den Zeiten der Pharaonen zum Beispiel wurde durch Einweihung der göttliche Wille erkundet und durch den König auf die Gesamtheit übertragen. Da war der individuelle Wille in den einzelnen Menschen noch nicht erwacht.

Die zweite Phase, in der wir uns jetzt noch befinden, nennt Rudolf Steiner die der «Tauschgesellschaft». Hier ist der individuelle Wille in jedem schon erwacht. Wir haben es zu tun mit einer Atomisierung der Willensinhalte der Menschen. Aber es ist noch kaum die Fähigkeit vorhanden, diese atomisierten Willenseinheiten zu harmonisieren. So entsteht ein Aufeinanderprallen dieser Willensgerichtetheiten, und es bleibt einem nur übrig, zuzuschauen, was das «Zufallsresultat» dieses Aufeinanderprallens sein wird.

Aber es gibt eine dritte Phase des Gemeinschaftlichen, die die große, hoffnungsvolle Zukunft der Menschheit darstellt. Diese nennt Rudolf Steiner die der «Gemeingesellschaft». Er prägt für diese Phase ein Wort, das es noch nicht gibt, weil die Wirklichkeit selbst in der Menschheit noch kaum vorhanden ist. In der Gemeingesellschaft geht es darum, die Vielfalt der individualisierten Willensinhalte zu harmonisieren, ohne den individuellen Willen zurückzunehmen, sondern umgekehrt, um möglichst jede Individualität zu fördern. In der Tauschgesellschaft steht dagegen der Wille des einen immer wieder dem Willen des anderen im Wege.

Das Urphänomen der Gemeingesellschaft nennt Rudolf Steiner – nochmals muß ein neues Wort geprägt werden – das Ringen um die Gestaltung des «Gesamtwillens». Es ist wichtig zu beachten, daß Rudolf Steiner nicht von «Gemeinwille» spricht, sondern von «Gesamtwille». «Gemeinwille» würde bedeuten, daß man zurückkehrt zu einem einzigen gemeinsamen Willen wie in der «Machtgesellschaft». Dies ist dasjenige, was die Kirche als solche immer gewollt hat, denn sie kann nur Kirche sein dadurch, daß sie die Zeiten der Machtgesellschaft, die Zeiten der theokratischen Ordnung zurückwünscht. Der Begriff «Gesamtwille» bedeutet etwas ganz anderes; er enthält beide Dimensionen, sowohl das Individuelle wie auch das Gemeinschaftliche.

In der Ausgestaltung des «Gesamtwillens» geht es darum, den individuellen Willen eines jeden zu bejahen und gemeinsame Rahmenbedingungen zu schaffen, die ein gegenseitiges Sichfördern aller individuellen Willen ergibt. Zugegeben, daß diese Aufgabe eine unendlich schwierigere ist als das Reduzieren aller auf einen einzigen Willen. Aber schwieriger ist nicht schlimmer. Auch Freiheit ist schwieriger als Unfreiheit, aber nicht deswegen schlimmer.

Wo von «gemeinsamer Aufgabe» die Rede ist, mit der Aufforderung für den einzelnen, dieser Aufgabe zu «dienen», liegt immer der Versuch der Machtinhaber vor – sei er Amtsträger oder Führer –, den eigenen Willen und die eigenen Zwecke den anderen aufzuzwingen. Diese Zwecke können noch so heilig sein: der andere Mensch wird zum Mittel zum Zweck gemacht.

Eine Variante zur «gemeinsamen Aufgabe» in der Unterdrückung der Individualität sind die berühmten «Sachzwänge». Was alles ist nicht in der Menschheit verbrochen worden mit dem Vorwand der Sachzwänge! Als ob Sachzwänge auch nur im entferntesten eine moralische Legitimation sein könnten, um den Menschen zum Mittel zu machen.

In den zwei Kulturphänomenen, die Rudolf Steiner «Machtgesellschaft» und «Tauschgesellschaft» nennt, haben wir die zwei großen Einseitigkeiten der vergangenen Entwicklung. In der ersten Einseitigkeit gab es Einheit, aber noch ohne individuelle Autonomie des einzelnen. In der zweiten Einseitigkeit haben wir das chaotische Erwachen des individuellen Willens, aber zunächst vielfach durch Zerstörung der Kommunion. Dies bedeutet zugleich, daß zwei Anachronismen als Gegenkräfte möglich sind, um die Entwicklung nach vorne zu verhindern. Der erste Anachronismus ist die Unterdrückung der Individualität aufgrund von angeblich kollektiven Ansprüchen – ein Zurück zur Machtgesellschaft; der zweite Anachronismus ist der Egoismus des einzelnen, der gegen jeden anderen gerichtet ist – ein Steckenbleiben in der Tauschgesellschaft.

Wenn von individuellem Willen die Rede ist, so ist immer gemeint der Wille des wahren Ich eines jeden Menschen. Nur dieser Wille ist wirklich individuell – so individuell wie die ewige Individualität selbst. Aber jeder Mensch trägt in sich auch den «Willen» des niederen Ich, den egoistischen Willen. Dieser Wille, weil immer triebhaft und niemals ganz frei, somit immer gruppenhaft, abstrakt und unbestimmt, sollte besser «Wunsch» oder «Begierde» genannt werden. So wissen die Menschen meistens wohl, was sie wünschen, aber selten, was sie wollen. Wo von der notwendigen Individualisierung des Willens – als Prozeß der Bewußtwerdung – die Rede ist, ist niemals der Egoismus des niederen Ich gemeint, weil dieser gerade nicht individuell ist. Das Individuelle erkennt man an seinem geistig-intuitiven Charakter, und dieser kann wiederum nur durch das Denken erfaßt werden.

Ich habe viele Menschen kennengelernt, die in den Evangelien immer nur die Betonung der Liebe, der Gemeinschaft und des Sichselbstopferns für die anderen gesehen haben. Diese Menschen fragen: Wo ist in den Evangelien die Betonung der freien Individualität? Dazu ist zu antworten, daß die bewußtseinsmäßige Würdigung der freien Individualität erst in unserer Zeit anfängt, weil sie erst jetzt real möglich wird. Dies bedeutet, daß heute auch eine ganz neue Lektüre der Evangelien möglich wird, wodurch dasjenige zum ersten Mal gesehen wird, was schon immer im Text drinnen war. Denn Christus ist ja gekommen, um alle Entwicklungsbedingungen für die freie menschliche Individualität zu ihrer Endgültigkeit zu bringen.

Ich möchte hier nur stichwortartig auf einige Texte hinweisen. Das Gleichnis des Sämanns: Da wird gesagt, daß nicht der Säer entscheidet – man höre und staune! –, was aus dem Samen wird, sondern der Boden. Nicht die göttliche Gnade hat das letzte Wort, sondern die Empfangsbereitschaft des Menschen. Für den «verlorenen» Sohn – nicht für den zu Hause Gebliebenen – wird gefeiert, weil dieser die Selbständigkeit erlangt hat. Es wird im Himmel mehr gefeiert für den einen, der sich gesondert hat, als für die 99, die gruppenhaft geblieben sind. Im Gleichnis der anvertrauten Pfunde wird gesagt, daß der Herr mehr zurück haben will, als er gegeben hat: Der Mensch muß der Gnade das Werk der Freiheit hinzufügen. Anders wird er nicht ins Reich des Geistes aufgenommen. Im Lukas-Evangelium, dem Evangelium der Liebe und des Opfers, steht der Satz (14,26): Wer nicht haßt Vater, Mutter und Geschwister, kann nicht Schüler des Ich-Impulses werden, kann nicht zu einer freien Individualität werden.

Auf diese Weise könnte man das ganze Evangelium unter dem Gesichtspunkt der freien Individualität lesen. So könnte man – bezogen auf den erwähnten Zusatz zum 10. Kapitel der «Philosophie der Freiheit» – das Gespräch Christi mit der Samariterin (Joh. 4) – zu Mittag, in der hellen Ausbreitung der Wahrnehmungswelt, wo aus dem inneren, unversieglichen Quell des lebendigen Denkwassers geschöpft wird – als Einführung in die Mysterien der Erkenntnis-Intuition; und das Gespräch mit Nikodemus (Joh. 3) – zur Mitternacht, wo der Mensch im Schlaf in einer rein geistigen Welt verweilt und «von oben geboren» werden darf – als Einführung in die Mysterien der moralischen Intuition, der «Geburt von oben», verstehen.

Die Dreigliederung des sozialen Organismus, so wie sie Rudolf Steiner vertritt, ist deswegen so christlich und so menschlich, weil sie von vornherein die ganze Menschheit als einen einzigen Organismus betrachtet.

Ich bin einmal gebeten worden, einen Vortrag über das vereinigte Europa zu halten. Ich habe unter anderem auf die Einseitigkeit des «Europa-Denkens» hingewiesen. Denn Europa ist ein Teil *der Menschheit* und nicht das Ganze. Ich sagte: ein «Menschheits-Denken» tut not. Man kann einen Teil des Organismus, wie groß auch immer, nur *aus dem Ganzen* heraus und in seiner Funktion *für das Ganze* verstehen. In der darauf folgenden Aussprache wurde eingewendet: Ja, das ist schön, von der ganzen Menschheit zu reden. Sie ist aber so groß und unübersichtlich! Fangen wir wenigstens mit Europa an! Ich erwiderte, daß dieser Gedanke genau so sinnvoll ist, wie wenn ein Arzt, konfrontiert mit der Komplexität des ganzen Organismus, ausrufen würde: Fangen wir zunächst wenigstens damit an, das Rhythmussystem gesund zu machen!

Der Nationalismus als Phänomen des Gruppenhaften

Die bisherigen Gedanken waren Variationen über das Thema Universalität und Individualität. Ein Wort muß noch gesagt werden über das Wesen der *Gruppe,* denn Gruppe ist in der Mitte zwischen Menschheit und einzelnem Menschen. Sie kennzeichnet sich wesentlich dadurch, daß sie weder universell noch individuell ist.

Es gibt viele Arten des Gruppenhaften: Volk, Firma, Staat, Partei, Kirche, Club, Familie, Verein, Gesellschaft und so weiter. Es stellt sich die Frage: Welches ist der Sinn der Gruppe als solcher?

Der Sinn der Gruppe besteht darin, daß sie *überwunden* wird in ihrer Tendenz, sich zum Zweck und den Menschen zum Mittel zu machen. In dieser Tendenz besteht das Wesen der Gruppe und der Institution als solcher. Gerade im Prozeß der Überwindung des Gruppenhaften erlebt der Mensch sowohl Universalisierung als auch Individualisierung als das zweifache Werk der Befreiung. Wenn nichts zu überwinden wäre, hätten wir einen statischen Ruhezustand und keine Entwicklung, folglich keine Erfahrung der Freiheit als Erfahrung reiner Menschlichkeit. Die Gruppe – und jede Institution – hat als solche für die Individualität die dankbare, unverzichtbare Aufgabe, die Gegenkraft zu bieten, denn ohne Gegenkraft kann keine Kraft geübt werden und erstarken.

Ich werde zwei Grundphänomene des Gruppenhaften etwas näher charakterisieren: das Phänomen des Nationalismus und das Phänomen, das ich hier die «heilige Institution» nennen möchte.

Im Nationalismus wird gruppenhafte Gemeinsamkeit erlebt durch das Blut, durch den Boden, durch die klimatischen und geographischen Gegebenheiten, aber ganz besonders durch die gemeinsame Sprache und die Kultur, die ihr entspricht. Rudolf Steiner hat in seinen Vorträgen betont, daß die nationalistische Gesinnung ein eminent antichristliches Phänomen ist, insoweit sie den Menschen daran hindert, sowohl zum Individuellen als auch zum Universell-Menschheitlichen zu finden. Nationalismus ist eine Art Gruppenegoismus. Er ist begründet auf gemeinsamen Bedürfnissen und auf gegenseitiger Hilfe für die Befriedigung dieser Bedürfnisse. Das Bedürfnis zum Beispiel nach dem Genuß der Sprache gehört zu den tiefsten Bedürfnissen jedes Menschen.

Weil der Nationalismus Gruppenegoismus ist, muß er verstanden werden aus einer Betrachtung des Wesens des Egoismus selbst. Was Rudolf Steiner über den Egoismus sagt, steht in vollem Einklang mit dem, was wir in den Evangelien dargestellt finden. Der schon zitierte Satz: «Liebe deinen Nächsten wie dich selbst», will heißen, daß die Selbstliebe so einwandfrei ist, daß sie sogar als Muster für die Nächstenliebe genommen wird.

Der Grundunterschied zwischen Selbstliebe und Nächstenliebe besteht darin, daß die erste ganz automatisch und notwendig schon vorhanden ist, die zweite dagegen ist ganz frei. Beides muß so sein: Die von vornherein gegebene Selbstliebe ist Grundlage und Bedingung für die Nächstenliebe als Aufgabe der Freiheit. Das bedeutet, daß das Bedenkliche des sogenannten «Egoismus» niemals in der Selbstliebe besteht, sondern im Mangel an Nächstenliebe, das heißt wiederum: in einem *Versäumen*.

Rudolf Steiner sagt sogar, daß die Nächstenliebe in einer *Erweiterung* des Egoismus besteht, der dadurch

140

zur gesunden Selbstliebe wird. Wenn ich alle Menschen so liebe wie mich selbst, das heißt, wenn ich die Selbstliebe erweitere, um die ganze Menschheit zu umfassen, dann ist die Liebe vollkommen. Ist die Liebe der Mutter zu ihrem kleinen Kind Egoismus oder Liebe? Ist sie Nächstenliebe oder Selbstliebe? Sie ist sowohl das eine als auch das andere. Die Mutter erlebt das Kind als Wesen ihres Wesens, als zu ihr gehörig. Wenn wir dies «Egoismus» nennen wollen, so ist dieser Egoismus sehr gut, denn er bewirkt nur Gutes.

Die Verpönung des Egoismus im allgemeinen gehört zu den größten Moralisierungen der Menschheit. Sie hat den unsinnigen Gedanken hervorgebracht, man sollte den Egoismus abschaffen. Um aber meinen Egoismus abzuschaffen, müßte ich *mich* abschaffen. Und wenn das geschehen wäre: was hätte die Welt – und ich – davon? Eine Folge der mißverständlichen Verurteilung des Egoismus sind die Schuldgefühle, die ihm gegenüber immer wieder empfunden werden. So entsteht eine zweite Illusion nach der des Abschaffenwollens: die Illusion, daß man alles Mögliche aus ganz unegoistischen Gründen macht. Das Bedürfnis, dieses sehr zu betonen, dürfte doch darauf hinweisen, daß es nicht ganz so ist.

Ich habe oft die ganze Sachlage in Vorträgen so zusammengefaßt: Es gibt nur zwei Arten von Menschen: solche, die restlos egoistisch sind, und solche, die keine Ahnung haben, daß sie es sind …

Die Lösung dieses Rätsels besteht wirklich darin, daß man durch Denken und Erkenntnis sich klar macht, daß der Egoismus, die Selbstbezogenheit, das notwendige Gesamtresultat der vergangenen Entwicklung darstellt. Wie wäre Individualisierung möglich gewesen ohne die Kräfte des Egoismus? In der zweiten Hälfte der Entwicklung geht es keineswegs darum, die Individualität rückgängig zu machen durch Abschaffung des Egoismus, sondern darum, sie in sich so stark und vollkommen zu machen, daß sie bewußtseinsmäßig und liebevoll die ganze Menschheit umfaßt.

Auf diesem Hintergrund können wir nun besser das Phänomen des Nationalismus verstehen. Als Gruppenegoismus muß er genauso wie der Egoismus selbst betrachtet werden. Die großen Probleme in der Menschheit entstehen nicht dadurch, daß das Nationale genossen wird – denn dieses ist genauso notwendig und genauso einseitig wie der Einzelegoismus –, sondern dadurch, daß zuwenig Internationalismus *hinzu*entwickelt wird. Der Grund für diesen Mangel ist wiederum derselbe: daß der Nationalismus automatisch und notwendig vorhanden ist, der Kosmopolitismus dagegen die Aufgabe der Freiheit darstellt.

«Und so sehen wir, wie aus dem Impuls der einzelnen menschlichen Seele, aus dem Egoismus, zuletzt sich alles dasjenige entwickelt, was im Nationalismus zum Ausdrucke kommt. Nationalismus ist gemeinsam durchlebter Egoismus. Nationalismus ist ins Geistige heraufgetragener Egoismus. Der Nationalismus ist zum Beispiel durchtränkt und durchwärmt von dem Phantasieleben des Volkes, in dem sich der Nationalismus zum Ausdrucke bringt. Aber dieses Phantasieleben selbst ist die geistig höhere Ausbildung dessen, was menschliche Bedürfnisse sind. Man muß bis zu dieser Wurzel zurückgehen, um die Sache durch ihre Betrachtung richtig zu verstehen.

Ganz andersgeartet ist dasjenige, was sich in der menschlichen Natur entwickelt als Internationalismus. National werden wir dadurch, daß der Nationalismus aus unserer eigenen persönlichen Natur aufsprießt. Der Nationalismus ist eine Blüte des Wachstums des einzelnen Menschen, der gemeinsamen Blutes mit seinem Stamme oder durch eine andere Zusammengehörigkeit an sein Volk gebunden ist. Nationalismus, er wächst mit dem Menschen. Er hat ihn, er wächst hinein, ich möchte sagen, so wie er in eine bestimmte Leibesgröße hineinwächst. Internationalismus hat man nicht in dieser Art. Internationalismus läßt sich eher vergleichen mit jenem Gefühl, das wir gewinnen, wenn wir uns der schönen Natur gegenüber sehen, wozu wir zur Liebe, zur Verehrung, zur Anerkennung getrieben werden dadurch, daß wir es anschauen, dadurch, daß es seinen Eindruck auf uns macht, dadurch, daß wir in Freiheit uns ihm hingeben. Während wir in das eigene Volk hineinwachsen, weil wir gewissermaßen ein Glied von ihm sind, lernen wir die anderen Völker kennen. Sie wirken, ich möchte sagen, auf dem Umwege des Erkennens, des Verstehens zu uns. Wir lernen sie nach und nach verständnisvoll lieben, und in dem Maße, in dem wir die Menschheit in ihren verschiedenen Völkern auf ihren verschiedenen Gebieten verständnisvoll lieben können, in dem Maße wächst unser innerer Internationalismus.

Es sind durchaus zwei verschiedene Quellen in der menschlichen Natur, die zugrunde liegen dem Nationalismus und dem Internationalismus. Der Nationalismus ist die höchste Ausbildung des Egoismus. Der Internationalismus ist dasjenige, was in uns immer mehr und mehr hereindringt, wenn wir uns verständnisvoller Menschenauffassung hingeben können. Man wird in diesem Lichte das menschliche Zusammenleben ansehen müssen über die zivilisierte Erde hin, namentlich wenn man zu einem richtigen Verständnis desjenigen kommen will, was im Internationalismus und Nationalismus aufeinanderstößt.» (Rudolf Steiner, Vortrag vom 30. Oktober 1919, GA 332a)

Es dürfte jedem klar sein, daß das Nationale *ganz anders* erlebt wird und in der Menschheit ganz anders wirkt, wenn Internationalismus und Kosmopolitismus hinzugefügt werden, als wenn dies nicht der Fall ist. Auch die Selbstliebe wird völlig verwandelt, wenn sie sich immer mehr erweitert durch Nächstenliebe. Wichtig ist, daß die «Läuterung» des Negativ-Egoistischen des Nationalismus unmöglich erfolgt, wenn man sich lediglich vornimmt, die nationalen Erlebnisse *abzuschaffen* – was ja nicht möglich wäre –, sondern nur in der Bemühung, die internationale Gesinnung, den Kosmopolitismus *hinzuzufügen.* Die Aufgabe ist auch hier nicht eine negative, sondern eine positive. Es geht auch hier um eine Aufgabe der Freiheit, der gegenüber die eigentliche Sünde eine «Unterlassungssünde» ist. Dies geschieht, wenn man *versäumt*, die internationale und kosmopolitische Gesinnung zu pflegen.

In diesem Zusammenhang prägt Rudolf Steiner Begriffe, die für das Denken sehr befruchtend sein können. Er nennt dasjenige, was erlebt wird im Nationalismus «Bedürfnis-Interessen» und dasjenige, was angestrebt wird im Internationalismus «Erkenntnis-Interessen». Da zeigt sich die schöne Polarität zwischen dem Notwendigen und dem Freiheitlichen.

Die «heilige» und die nichtheilige Institution

Das andere Phänomen des Gruppenhaften, auf das ich hier eingehen möchte, ist die von mir genannte «heilige» Institution. Dieses Phänomen kann man vielleicht am reinsten in der Geschichte der katholischen Kirche beobachten. Es steht in einer gewissen Polarität zum Nationalismus. Bei diesem wird die Gruppe gestiftet von der Seite des Leibes und des Blutes; bei der «heiligen Institution» will die Gruppe vom Geistigen her, von oben konstituiert sein.

Christus, das göttliche Wesen, wandelte drei Jahre lang auf Erden. Da trat das Göttliche, das Geistige ganz unmittelbar in Erscheinung. Alle Worte und alle Taten Christi waren sowohl menschliche als auch *göttliche* Worte und Taten. Er vollbrachte alles im direkten Auftrag des Weltenvaters und im Einklang mit allen geistigen Hierarchien. Dann mußte er aber von der Bühne der Welt abtreten; er sagt – wie schon erwähnt – selber: Es ist gut für euch, daß ich gehe. Sein Hingang hat den Sinn gehabt, daß die Offenbarung des Göttlichen nicht weiterhin *leibhaftig-greifbar, sinnlich-wahrnehmbar,* äußerlich identifizierbar da sein darf. Er hinterließ die Aufgabe für jeden Menschen, die eigene weitere Entwicklung dazu zu verwenden, *nicht weniger als er* den göttlichen Geist im Laufe der Zeit zu vermenschlichen und dadurch den Menschen zu vergöttlichen.

Christus ist das Wesen des Ich. «Ich bin» (ἐγὼ εἰμί, ego eimi) ist sein Name im Johannes-Evangelium. Die

Menschwerdung Gottes und die Gottwerdung des Menschen kann, wenn sie *in seinem Sinne* geschehen soll, nur ichhaft, individuell, das heißt frei sein.

Indem Christus dem Petrus den *kirchlichen* Auftrag anvertraute («Du bist Petrus, und auf diesem Felsen werde ich meine Kirche bauen», Matth. 16,18), hat er ihm zugleich klargemacht, daß diese Aufgabe eine in der Zeit begrenzte und eine vorübergehende sein wird. Denn auf die Frage des Petrus nach dem Auftrag des *anderen* Jüngers, «den der Herr liebte», antwortet Christus, daß die Aufgabe dieses Jüngers für die Zeit aufbewahrt ist, wenn er wiederkommt (Joh. 21,20–23).

Für die Zeit des petrinischen Christentums ist also vom Christus selbst die Mutterrolle der Kirche als Führung von außen vorgesehen worden. Die Kirche erhält die Aufgabe jeder guten Mutter und jedes guten Pädagogen: alles gerne zu tun, um sich im Laufe der Zeit überflüssig zu machen. Der gute Lehrer hat seine Aufgabe erfüllt in dem Moment, wo er sich erübrigt. Die katholische Kirche hat aber zunehmend ihre Aufgabe als «Mutter» im gegenteiligen Sinne aufgefaßt: sie hält sich als prinzipiell und für alle Zeiten unentbehrlich für die Führung der Menschen. Statt alles zu tun, um sich überflüssig zu machen, tut sie alles, um sich zu verewigen und ihre prinzipielle Unverzichtbarkeit zu beweisen. Damit behauptet sie aber zugleich, daß die Menschen ewig «Kinder» bleiben werden und bleiben sollen.

Maßgebend für diesen Prozeß wurde der Gedanke der «apostolischen Sukzession». Man hat sich vorgestellt, daß Christus *bestimmten* Menschen seine Sache anvertraut hätte, um sie weiter zu pflegen, und nicht *jedem* Menschen. Es entstand eine Stellvertretung Christi auf Erden, die äußerlich identifizierbar wurde. Um zu wissen, wo Christus wirkt, was er sagt und was er will, muß jeder Mensch sich hinwenden zu diesen physisch vorhandenen Menschen. Gerade dasjenige, wovor er nachdrücklich gewarnt hatte, ist aufgetreten. In Luk. 17,20 f. heißt es zum Beispiel – frei, aber ganz getreu übersetzt –: Das Geistige darf man nicht mit einem Wahrnehmbaren identifizieren. Man darf nicht sagen: Hier oder dort ist es. Das Geistige kann nur durch denkerische Innerlichkeit gefunden werden, es ist inwendig in euch.

Dadurch, daß die göttliche Führung durch die Kirche so sinnlich-wahrnehmbar und identifizierbar gemacht wurde, wurde sie automatisch, nach dem Grundgesetz alles Sinnlich-Wahrnehmbaren. So entstanden Menschen, die ex officio oder ex cathedra die Verlautbarungen des Göttlichen der Menschheit weitergaben. So entstanden der «Heilige Stuhl» und der «Heilige Vater» als «Stellvertreter Christi» auf Erden. Die letzte Konsequenz ist die schon erwähnte Unfehlbarkeit des Papstes gewesen. Christus selbst wollte nicht einmal «gut» genannt werden (Mark. 10, 18). Er sagt, man soll keinen Menschen «Vater» nennen (Matth. 23,9). Der Papst wird nicht nur der «Heilige Vater» genannt, er wird als «Ihre Heiligkeit» angesprochen.

Worin besteht nun das Wesen der «heiligen Institution»? Es besteht im Anspruch darauf, daß der Mensch nur *durch sie* das Heil erlangen kann. So wie es eine Vererbung des Blutes gibt, so haben wir hier eine geistige Vererbung: die Gottheit *muß* durch die «heilige» Institution die Menschheit erreichen. Sie kann das nicht direkt tun.

Für die katholische Kirche ist somit das Wirken Christi in der Menschheit *untrennbar* vom Wirken der Kirche selbst. Man kann nicht das eine ohne das andere haben. Die Sache der Kirche und die Sache Christi sind *eine* Sache. «Extra ecclesiam nulla salus» – außerhalb der Kirche gibt es kein Heil – lautet die Devise der «heiligen» Institution. Wer mit Christus sein will, muß auch mit der Kirche sein. Wer die Kirche nicht liebt, wird auch Christus nicht lieben können. Weil aber die Beziehung zu Christus eine geistige – nicht handgreiflich prüfbare – ist, wird in der Praxis die Beziehung zur Kirche – weil sie äußerlich prüfbar ist – zum Prüfstein der Beziehung zu Christus selbst gemacht. Auf diese Weise wird in der «Praxis» die Beziehung zur Kirche viel wichtiger als die Beziehung zu Christus. Maßgebend für die Art und Weise, wie die katholische Kirche viele «Ketzer» behandelt hat, war nicht so sehr ihre Beziehung zu Christus – diese wurde mehr als Privatsache betrachtet –, sondern ihre Beziehung *zur Kirche.*

Es ist das Entwicklungsgesetz jeder Institution *als solcher,* daß sie die Tendenz entwickeln muß, sich zum Zweck zu machen und den Menschen als «Diener» – als Mittel zum Zweck – zu betrachten und zu behandeln. Dieser Mechanismus ist das Wesen jeder Institution. Ob Partei, Firma oder Staat: was die Institution als solche konstituiert, ist der Wille des Machthabers, der als das allgemeine Gute betrachtet sein will, als gemeinsame Aufgabe, der sich der einzelne widmen soll. Wo dieser Wille sich nicht in Form nackter Macht äußert, wird versucht, seine Vernünftigkeit durch den Hinweis auf den Vorteil für alle Beteiligten hervorzuheben. Solange der Vorteil für den einzelnen real besteht und solange dieser ihn sucht, wird er mitmachen.

Was im Fall der «heiligen» Institution noch hinzukommt, ist die Berufung auf den Willen *der Gottheit*. Der «Machthaber» identifiziert seinen Willen mit dem Willen der geistigen Welt: es ist ein heiliger Wille, wodurch dem einzelnen das Recht abgesprochen wird, mitzureden über die Vernünftigkeit oder Vorteilhaftigkeit dieses Willens für ihn oder für andere. Denn die Gottheit denkt ganz anders und will ganz anderes als die Vernunft der Menschen. Bei ihrem Willen geht es gar nicht um menschliche Vernunft oder menschlichen Vorteil. Nicht Vernünftigkeit verlangt die «heilige» Institution vom einzelnen, sondern «Treue».

Zum Phänomen der «heiligen» Institution gehört somit unvermeidbar der Gegensatz zwischen Orthodoxie und Heterodoxie. Die «heilige» Institution wird durch ihre Amtsträger zur Verfechterin der «Wahrheit», wozu die Interpretation der eigenen Legitimation selbst – im Falle der katholischen Kirche der ununterbrochenen «apostolischen Sukzession» – gehört. Die Andersdenkenden sind «Ketzer» und «Irrlehrer». Es gehört zu den wichtigsten «heiligen Zwecken» der «heiligen» Institution, sie auszugrenzen, um sie möglichst unschädlich zu machen. Sie tut auch dieses im Auftrag der geistigen Welt für die Rettung der Menschheit.

Eine «heilige» Institution *als solche* reformieren oder «bekehren» zu wollen, ist reine Illusion. Denn nur der *einzelne Mensch* kann sich real ändern, weil nur bei ihm der *menschliche* Wille sich real befindet. Die Institution als solche entsteht gerade dadurch, daß Individualitäten in ein Unpersönlich-Undurchschaubares *aufgehen*, das heißt *aufhören*, freie Individualitäten zu sein und sich mit den Mechanismen der Macht identifizieren. Der ethische Individualismus, wovon in der «Philosophie der Freiheit» die Rede ist und der darin besteht, daß jeder Mensch den individuellen und einzigartigen Willen des eigenen wahren Ich finden und verwirklichen soll und will, steht der «heiligen» Institution diametral entgegengesetzt. Sie schließen sich *im absoluten Sinne* gegenseitig aus. Der Amtsträger *als solcher* ist ein Mensch, der aufhört, freie Individualität zu sein, indem er sich mit den unpersönlich-gruppenhaften und sachlichen Instanzen des Amtes identifiziert. Seine Argumentationen über das Mögliche und das Unmögliche, über das Gute und das Böse werden immer «sachlicher», das heißt nicht mehr an den Menschen, sondern an der «Sache» und ihren Gesetzmäßigkeiten (zum Beispiel an den sogenannten «Sach-zwängen») orientiert. Die heilige Sache spricht durch seinen Mund, nicht er selbst.

Wenn es illusorisch ist, eine «heilige» Institution ändern zu wollen, was soll denn derjenige tun, der ihre «Besserung» als dringend notwendig erachtet? Er muß lernen, *sich* zu ändern, denn die «heilige» Institution besteht dank jedem, der sich irgendwie mit ihr identifiziert oder ihr irgendwelche Wichtigkeit beimißt und ihr zur Machtentfaltung verhilft (zum Beispiel durch das Zurverfügungstellen von Geldmitteln). Sie *kann* sich als Institution nicht ändern, solange sie («heilige») Institution bleibt. Sie kann nur *aufhören*, («heilige») Institution zu sein dadurch, daß keine Menschen mehr da sind, die sie zur («heiligen») Institution machen – durch Preisgabe ihres individuellen Willens.

Auch hier ist die Aufgabe eine positive: das Entstehen von freien Individualitäten, das *als Folge* das Verschwinden der «heiligen» Institution mit sich bringt. Die große Sünde ist auch hier eine Unterlassungssünde: das Versäumen der Verwirklichung des ethischen Individualismus in der eigenen Individualität. Diesem Versäumen verdankt die «heilige» Institution als solche überhaupt ihre Existenz und ihr Gedeihen. Das Laborieren an *ihrer* Veränderung oder Besserung ist eine Fortführung des Versäumens. Dieses Versäumen ist um so mehr vorhanden, wenn die eigentliche Aufgabe sogar in der direkten Bekämpfung der Institution gesehen wird.

Die Ziele und Zwecke der «heiligen» Institution sind nicht weniger «heilig» als sie selbst. Weil vom guten Menschen erwartet wird, daß er sich «opfert» für das heilige Werk, daß er der heiligen Sache auch im finanziellen Sinne dadurch «dient», daß er möglichst wenig für sich in Anspruch nimmt, so ist der Amtsträger der gute Mensch schlechthin, insoweit er sich mit den Zielen der Institution identifiziert und sie zu seinen eigenen macht. Er bekommt von der Institution die materiellen Grundlagen, die er braucht, um in ihrem Sinne ein guter Diener zu sein. Seine Worte und seine Taten bekommen kraft des Amtes Gewicht. Nicht *was* gesagt wird, ist wichtig, sondern *wer* es sagt.

Die Individualität ohne Stempel der Institution ist nicht wichtig. Was sie auch immer zu sagen hat: Ihre Worte haben von vornherein wenig Gewicht in den Augen der Menschen, die der «heiligen» Institution ergeben sind. Ein Amtsträger kann dasselbe sagen: es ist nicht dasselbe. Denn nicht so sehr auf den Inhalt wird gesehen, sondern vielmehr auf das Gewicht des Amtes. Wo es um wichtige Dinge geht, soll der Amtsträger sprechen, denn durch ihn werden erst die Dinge gewichtig. Nicht die Individualität spricht in ihm, sondern die «heilige» Institution – und in dieser die geistige Welt selbst. Da werden nicht nur Wahrheiten ausgesprochen, sondern auch «Richtlinien» erteilt.

Man kann in der Gesetzmäßigkeit des Wirkens einer «heiligen» Institution zwei Hauptautomatismen unterscheiden: den Automatismus der «gemeinsamen Aufgabe» und den Automatismus des Waltens der Ämter. Sie wirken wie eine zweifache Einschläferung der Individualität – einmal von innen und einmal von außen. Das Individuelle geht einerseits verloren oder wird versäumt – wird von der Institution verhindert – durch die Reduzierung des Inhalts des Willens auf den Inhalt der «gemeinsamen Aufgabe», die *zur eigenen* gemacht werden will, statt umgekehrt sich zur Bedingung zu machen, die das *Hinzuschaffen* des ganz individuellen Inhalts des Willens als des eigentlich Freiheitlich-Moralischen ermöglicht. Dies genügt andererseits nicht, denn die «gemeinsame Aufgabe», weil sie gemeinsam und objektiv sein soll, verträgt keine subjektive oder willkürliche Interpretation. Sie muß von einer gemeinsam bindenden Instanz in ihrem orthodoxen und für alle gültigen Inhalt offiziell festgelegt werden. So entsteht die Notwendigkeit der Ämter, die die «amtliche», das heißt normative Deutung der gemeinsamen Ziele – besonders auf die praktische Ausführung hin – vertreten. Nur auf diese Weise kann man wirklich einig und wirklich stark sein.

Wenn die «heilige» Institution große, besonders internationale Tagungen abhält, feiert sie ihre besten Stunden; da steht die *Institution* als solche ganz im Vordergrund. Von Tag zu Tag einprägsamer wird die Heiligkeit, die Stärke, die internationale Bedeutsamkeit der Institution selbst erlebt. Dadurch wird der einzelne ganz in den Strudel der Begeisterung für dasjenige eingesogen, «was uns alle bindet», was «unsere gemeinsame Mission» ist. In der großen Stunde des «Wir» klingt das Wort «Ich» empörend hochmütig und egoistisch – wie ein Sakrileg, wie ein Attentat gegen das Heilige selbst. Wo die Pracht der Institution erlebt werden soll, will man keine echten Auseinandersetzungen. Man will eher Gegensätze neutralisieren.

Es ist verständlich, daß es für viele Menschen ein Bedürfnis ist, als Stütze und Bestätigung von außen eine wohltuende Atmosphäre der Harmonie und der Solidarität, ja der gemeinsamen Stärke zu erleben. Was das wahre Ich eines jeden aber sucht ist, daß ihm geholfen wird, immer mehr *in sich selbst* das eigene Zentrum und die eigene Kraft zu finden. Insoweit die Institution gerade dadurch ihre Macht entfaltet, daß die Menschen sie als wichtiger erleben als sich selbst, verhindert sie die geistige Autonomie, die der Christus in jedem Menschen anstrebt. Wiederholt hat Rudolf Steiner darauf hingewiesen, daß das griechische Wort αὐτων in den «Seligpreisungen» wörtlich bedeutet «in sich selbst». Die erste Seligpreisung heißt somit: Selig sind die Bettler um den Geist, denn sie werden *in sich* selbst das Himmelreich finden. Im Himmel wird das große Fest für den einzelnen gefeiert, der sich «gesondert» hat (vgl. Luk. 15, 7). Die großen Feste der «heiligen» Institution dagegen werden gefeiert von und für die Neunundneunzig, die zueinander halten.

Der Mensch, der äußerlich dazu gehört und keine Begeisterung für die «heilige» Institution als solche aufbringt – weil ihm jede einzelne Individualität wichtiger ist als die Institution –, ist kein guter Mensch. Er versteht in ihren Augen nicht, daß gerade deswegen, weil die «heilige» Institution wegen der Mängel der Menschen Unzulänglichkeiten aufweist, es um so wichtiger ist, an *ihrer* Erneuerung und an *ihrem* Gedeihen positiv zu arbeiten, statt immer nur zu «kritisieren». Die erklärten Feinde schaden der «heiligen» Institution weniger als die «Störenfriede» in ihr selbst, die alles besser wissen, nur an sich denken und keine Verantwortung *für die Institution* selbst übernehmen wollen. Daran erkennt man eindeutig, daß der einzelne für die heilige Sache, die die Institution angibt zu vertreten, sich einsetzt, daß er die «heilige» Institution selbst fördert. Wie kann ein Mensch, der der «heiligen» Institution selbst nicht förderlich ist, in irgendeiner Weise der heiligen Sache dienen? Dieses kann er nur tun, wenn er offiziell *im Auftrag* und *im Namen* der «heiligen» Institution ihre heilige Sache vertritt.

Wenn etwas gedruckt wird, so ist das «Imprimatur» der offizielle Stempel der Orthodoxie. Eine «heilige» Institution kann nicht ohne ein offizielles Organ und ohne Zensur existieren. Sie mag den «Index» äußerlich aufheben, um sich modern nach außen zu zeigen. Innerlich existiert er um so wirkungsvoller. Die Menschheit darf ja nicht erfahren, was alles die Zensurbehörde der «heiligen» Institution unterdrückt, beseitigt oder durch Eingriffe gerade noch «druckfähig» macht. Für jedes Fach hat die «heilige» Institution Fachleute von Amtes wegen. Nur diese sind befugt und folglich kompetent, in ihrem Fach Bücher zu schreiben. Die Institution kann sich darauf verlassen, daß sie in ihrem Sinne schreiben.

Wenn eine «Panne» passiert, weil die Zensurbehörde nicht gut aufgepaßt hat, werden Personalkonsequenzen verlangt und gezogen. Es werden disziplinarische Maßregeln getroffen, um zu sichern, daß der gefügige Gehorsam nicht ein zweites Mal gebrochen wird. Das Schlimme wird weniger darin gesehen, daß der einzelne seine eigenen Gedanken im Widerspruch zu denen der Institution geäußert hat, sondern vielmehr darin, daß der «heiligen» Institution selbst Schaden zugefügt wurde.

Dieses Verfahren erregt allerdings in der heutigen Öffentlichkeit – soweit Menschen da sind, die vom freien Geistesleben auch nur eine Ahnung haben – zunehmend Anstoß. Dies macht die Lage der «heiligen» Institution im Laufe der Zeit immer schwieriger. Sie wird dazu gezwungen, ihre Maßnahmen immer mehr zu maskieren. So wird sie zunehmend von der allgemeinen Form der Institution abgelöst. Diese verzichtet darauf, die «Heiligkeit» ihrer Zwecke zu beweisen, und gibt implizit oder explizit zu, daß es ihr nicht prinzipiell um Wahrheit oder Gerechtigkeit, sondern um die Diplomatie der Machterhaltung geht. In diesem Fall kann der Dogmatismus in den Relativismus umschlagen. Jetzt wird die «Toleranz» betont: Jeder kann schreiben oder sagen, was er will, denn jeder hat seine Überzeugungen und alles ist relativ. Nicht relativ sind aber die *Anliegen* der Institution selbst. Das Relativieren der Wahrheit dient bei Amtsträgern in diesem Fall dazu, dasjenige zu betonen, was *getan* werden muß, um zu verwalten und zu pflegen, was verwaltet und gepflegt werden soll.

Nochmals sei betont: Diese Gesetzmäßigkeiten der Wirkungsweise jeder Institution als solcher und der «heiligen» im besonderen werden hier nicht erörtert im Sinne einer Kritik oder sogar im Hinblick auf eine innere Genugtuung des einzelnen dem Institutionellen gegenüber. Es geht im Gegenteil darum, daß aus diesem Bewußtsein die *moralische Verantwortung* und die Aufgabe jeder Individualität als die Aufgabe einer zweifachen *Selbst*überwindung voll ersichtlich wird. Die erste Überwindung wird vollzogen, wenn der einzelne die Illusion durchschaut, die darin besteht, in den Zielen der Institution den Inhalt des eigenen individuellen Willens als solchen zu sehen und zu suchen. Die zweite Selbstüberwindung geschieht, wenn aufgehört wird, irgendeinen Menschen mit irgendeinem Amt zu identifizieren.

Die Tatsache, daß ein Amtsträger selbst sich mit seinem Amt identifiziert und als individueller Mensch hinter die Automatismen und die Bequemlichkeiten des Amtes verschwindet, ist eine ganz andere als die Tatsache, daß *ich* ihn mit seinem Amt identifiziere und dadurch das Amt als das *für mich* Wichtigere erlebe – vielleicht weil ich existentiell nicht weniger als er auf sein Amt angewiesen bin – als die Individualität selbst. Die Institution, insoweit sie als solche dazu tendieren muß, die Grenzen der notwendigen Rahmenbedingungen zu überschreiten, um sich in ihren Zielen auch für den individuellen Willen *normativ* zu machen, ist dazu da, um dem Individuum die *notwendige Gegenkraft* zu bieten, die es in seinem wahren Ich fortwährend *überwinden* will.

Die Institution ist die tägliche, entwicklungsnotwendige *Versuchung* des Individuums. Als zweckmäßige Rahmenbedingung kann sie sein Lebenselement, als hypostasierte Institution kann sie sein Grab sein. Sie hat die Aufgabe, den einzelnen dazu zu versuchen, in die Bequemlichkeit der gemeinsamen Ziele und in die Mechanismen der Orientierung an Ämtern *aufzugehen* und sich als freie, einzig-artige Individualität *aufzugeben*. Der Wille seines wahren Ich ist der Wille, durch tägliche, stete Überwindung dieser Versuchung, Ichhaftigkeit entstehen zu lassen dadurch, daß sie niemals als automatischer Besitz, als konstantbleibende und abstrakte Aufgabe oder Mission betrachtet wird. Freiheit kann nur eine immer zu erneuernde *Errungenschaft* jedes wach durchlebten Augenblickes sein, in dem das spezifisch Ichhafte dem Beharrungsvermögen des Bestehenden *abgerungen* wird. Dies geschieht, wenn zu der Erkenntnis-Intuition des wahren Wesens des Institutionellen als des Gesamtortes der Rahmenbedingungen für die Verwirklichung der Individualität die geistesgegenwärtige, moralische Intuition des individuellen Willens *hinzugefügt* wird, das heißt dessen, was jeweils das eigene, einmalige Ich in der gegebenen Situation kraft seiner «moralischen Phantasie» will.

In diesen Ausführungen geht es mir darum, zu zeigen, wie dringend notwendig es ist, Rudolf Steiners «Philosophie der Freiheit» ernst zu nehmen für das Entstehen und für die Rettung der *freien Individualität* als des spezifisch *Christlichen* und *Menschlichen* schlechthin. Diese moralische Aufgabe ist in der heutigen Menschheit die dringendste aus dem Grunde, weil von allen Seiten eine endgültige Vernichtung der ichhaften, durchchristeten Individualität droht, die dort am wirkungsvollsten betrieben wird, wo sie – wie innerhalb der «heiligen» Institution – am wenigsten erwartet wird, weil die Theorie vielfach das Gegenteil dessen beteuert, was in Wirklichkeit getan wird. Die Zukunft des Christentums sowie des Menschentums hängt von der Frage ab: Wird jeder Mensch lernen, das Institutionelle als Instrument für die Verwirklichung jeder menschlichen Individualität zu gestalten, oder wird dem einzelnen die äußere Macht der Institution so imponieren – weil da wenigstens etwas Greifbares «getan» und «geleistet» wird –, daß er sie als das Wichtige und den *Menschen* in seiner leiblichen, seelischen *und geistigen* Entwicklung als das Unwichtige erachtet?

Die positive Pflege der freien, durchchristeten Individualität ist die einzig mögliche Auferstehung des Menschen, mit der Folge des *Todes* dessen, was dem Menschen als individuellem Ich selbst den Tod bringt.

Zum Wesen des Christentums gehört das menschliche Schicksal des Christus Jesus selbst. Als Mensch wurde er von der damaligen «heiligen» Institution zu Tode gebracht, weil er nicht den Menschen für den Sabbat, sondern den Sabbat für den Menschen haben wollte.

Nach dem Tode Rudolf Steiners – Zäsur oder Sukzession?

Ich will in diesem Zusammenhang etwas anfügen über die Geschichte der Anthroposophischen Gesellschaft. Der Leser, den diese Geschichte nicht interessiert, möge die folgenden Seiten bis zum nächsten Kapitel überspringen.

Indem ich diesbezüglich meine Gedanken äußere, möchte ich zugleich betonen, daß ich die Gedanken anderer, besonders wenn sie den meinen entgegengesetzt sind, *nicht weniger achte als meine eigenen.* So darf ich hoffen, daß auch meine Gedanken geachtet werden, auch von denen, die sie nicht teilen können.

Ich bin im Laufe der Zeit zu der Überzeugung gekommen, daß in der Geschichte der Anthroposophischen Gesellschaft sich *im Kern* das katholische Phänomen wiederholt hat, und zwar nicht weniger als dort aufgrund des Gedankens der Sukzession. Durch die Weihnachtstagung 1923/24 hat sich Rudolf Steiner mit der Anthroposophischen Gesellschaft so verbunden, daß daraus bei bestimmten ihm nahestehenden Menschen nach seinem Tode ganz und gar ein Sukzessionsdenken entstanden ist. Dadurch haben sie unvermeidbar – ob das ihnen bewußt war oder nicht – das Phänomen der «heiligen» Institution wiederholt. Die Folgen des Sukzessionsdenkens haben die ganze Entwicklung dieser Institution *bis heute* zutiefst bestimmt und geprägt.

Es ist ja ungeheuerlich, daß gewisse Menschen, im Freiheitsimpuls der Geisteswissenschaft Rudolf Steiners, aufgrund ihrer Ideen vielfach ausgegrenzt wurden und werden. Denn gerade dieses Phänomen ist die eindeutige Bestätigung der Tatsache, daß wir es mit einer «heiligen» Institution und mit dem Sukzessionsdenken zu tun haben. Wenn sie nicht für heilig gehalten werden möchte, wäre sie ganz einverstanden mit Menschen, die sie lediglich als Mittel zum Zweck haben wollen. Von gewissen Personen ist mir gesagt worden, daß ich, wenn ich so denke, den Sinn der Weihnachtstagung nicht verstehe. Das finde ich in Ordnung, denn ich behaupte von ihnen genauso, daß sie ihn nicht verstehen. Etwas ganz anderes liegt aber vor, wenn aufgrund von Ämtern und Machtpositionen der Andersdenkende ausgegrenzt wird.

Diese Gedanken haben mit Kritik oder Polemik nichts zu tun. Sie sind entstanden durch Beobachtungen und Erfahrungen, die ich gemacht habe, und durch meine Deutung dieser Tatsachen. Derjenige, der sie als «Kritik» auffassen will, müßte sich fragen, warum er nicht umgekehrt *seine* Gedanken mir gegenüber als Kritik auffaßt. Dann wäre er der «Kritiker», nicht ich.

Im Vortrag vom 12. April 1924 (GA 236) sagt Rudolf Steiner:

«Denn natürlich muß ja die Anthroposophische Gesellschaft etwas ganz anderes sein, wenn sie von mir geleitet wird oder wenn sie von jemandem anderen geleitet wird.»

In diesen Worten ist klar ausgedrückt, daß, wenn Rudolf Steiner aufhört, Vorsitzender dieser Gesellschaft zu sein, diese wiederum «etwas ganz anderes» *sein muß* als zuvor.

Von einem «esoterischen Vorstand» *nach* dem Tode Rudolf Steiners überhaupt zu reden, heißt, zu behaupten, daß diese Institution nach dem Tode Rudolf Steiners im Wesentlichen dieselbe bleibt wie davor. Er sagt dazu eindeutig das Gegenteil. Ein Automatismus der geistigen Vererbung durch Ämter, eine geistige Legitimation aus der Vergangenheit kommt für ihn nicht in Frage.

Alle Aussagen, die Rudolf Steiner über die von ihm geleiteten Gesellschaft und Hochschule sowie die Bestimmungen über die Natur ihrer Mitgliedschaft gemacht hat, gelten *ganz und gar nicht,* wenn diese nicht von ihm geleitet sind. Was für eine nicht von ihm geleitete Gesellschaft gilt, hat er zur Genüge *vor* der Weihnachtstagung gesagt, als er nicht einmal Mitglied der Anthroposophischen Gesellschaft war.

Wie er über das Institutionelle als reines Mittel zum Zweck immer gedacht hat, zeigt sich vielleicht am besten in dem, was W. J. Stein über dasjenige erzählt hat, was ihm im Sommer 1913 geschehen ist:

«... jetzt wollte ich die Mysterienspiele sehen. ‹Die dürfen nur Mitglieder sehen›, sagte man mir. Ich war nicht Mitglied, wollte auch keins werden. Ich wendete mich an Dr. Steiner. Ja, das sei richtig – die Mysteriendramen-Aufführungen seien nur Mitgliedern zugänglich. Aber ich könne ja für den Tag der Aufführung Mitglied werden und am nächsten Tag wieder austreten. Darauf ging ich ein. Ich war also in der Aufführung. Nachher kam Dr. Steiner und sagte: ‹Nun, Herr Stein, wie haben Sie sich amüsiert?› Ich sagte: ‹So ein Esel wie gestern bin ich jetzt nicht mehr – und austreten aus der Gesellschaft tu ich auch nicht mehr.› So wurde ich Mitglied der Gesellschaft. Es ist symptomatisch.» (GA 259, Das Schicksalsjahr 1923 in der Geschichte der Anthroposophischen Gesellschaft, 1991, S. 406)

Viele «treue» Mitglieder und besonders Amtsträger der Gesellschaft werden wohl auch damals – dies wurde in Stuttgart Februar 1923 bei der Delegiertenversammlung in Anwesenheit Rudolf Steiners erzählt – die Überzeugung gehabt haben, daß die Mitgliedschaft eine ganz ernste und heilige Sache ist, mit der man nicht leichtsinnig umgehen darf. Was werden diese Menschen gedacht haben, als sie hörten, wie der «Herr Doctor» damit umging?

Wenn Rudolf Steiner einen Nachfolger für die Leitung der Hochschule ernannt hätte, hätte er die Art der «Ernennung», die 1907 in der Theosophischen Gesellschaft stattfand und die er *prinzipiell* aufs schärfste verurteilt hatte, wiederholt. Um die Weihnachtstagung zu vollziehen und zum Vorsitzenden zu werden, hatte er *abwarten* wollen, *ob* das unabdingbare Vertrauen ihm *frei* entgegengebracht würde. Durch eine Ernennung des Nachfolgers hätte er dagegen alle Mitglieder der Hochschule praktisch *gezwungen,* «Vertrauen» in diesen Nachfolger zu haben. Derjenige, der durch den Automatismus des Amtes die Nachfolge in Anspruch nimmt, muß das Vertrauen *erwarten,* und dadurch kann er es nur zerstören. In diesem Sinne ist die Ernennung eines Nachfolgers von seiten Rudolf Steiners geistig gesehen eine objektive Unmöglichkeit. Seine Formulierung, daß *er* den «eventuellen» Nachfolger ernennen würde, will nicht sagen, daß er dies möglicherweise tut – daran hat er keine Sekunde denken können –, sondern, daß kein anderer, das heißt *keiner* dieses tun darf. Aber er durfte den Satz wiederum nicht so klipp und klar formulieren, sonst hätte er die freie Aufgabe der denkerischen Wachsamkeit mit seiner eindeutigen «Anweisung» ersetzt.

In seinem unbegrenzten Vertrauen in die ihn umgebenden Menschen hatte er gehofft, daß sie verstehen würden, daß dasjenige, was *nur durch ihn* die geistige

Welt urbildlich und zunächst zeitbegrenzt als Vorwegnahme künftiger Entwicklungsstufen in die physische inkarnieren lassen durfte – die Gestaltung von institutionellen Rahmenbedingungen selbst im Sinne und im Namen der geistigen Welt –, nicht *ohne ihn*, lediglich durch den irdischen Automatismus der «Nachfolge» möglich sein könnte. Als ihm klar wurde, daß dieses Bewußtsein nicht vorhanden war, stand vor ihm die unermeßliche Tragik, die durch die objektive – wenn auch subjektiv nicht gewollte, aber dann um so verhängnisvoller von finsteren Mächten herbeigeführte – geistige Usurpation seinem Tode folgen würde. Er durfte darüber nichts sagen, um die Freiheit der Menschen nicht zu beeinträchtigen. So hat ihm eine unendliche Trauer die letzten Lebenskräfte verzehrt.

Diese Andeutungen über die Geschichte der Anthroposophischen Gesellschaft scheinen mir hier deshalb erforderlich, weil ich in der Geisteswissenschaft Rudolf Steiners die Zukunft des Christentums als des reinen Menschentums überhaupt sehe und weil die Anthroposophische Gesellschaft als solche sich vielfach als offizielle Vertreterin der Geisteswissenschaft Rudolf Steiners betrachtet.

«Das Christentum ist ... größer als alle Religionen»

Rudolf Steiner hat einmal einen Vortrag gehalten, der heißt «Das Christentum hat begonnen als Religion, ist aber größer als alle Religionen». Ich möchte diesen

Gedanken aufgreifen, um alle bisherigen Überlegungen zu einem Abschluß zu bringen. Zunächst die Worte Steiners selbst:

«Die bloße Wissenschaft artete immer mehr aus in eine Verehrung, eine Anbetung der äußeren Welt. Darin haben wir heute einen Höhepunkt erreicht. Das Christentum war eine starke Stütze gegen dieses Aufgehen im Sinnlichen. ... Früher, im Mittelalter, gab es noch eine Verbindung zwischen Wissenschaft und Christentum. Heute brauchen wir eine übersinnliche Vertiefung des Wissens, der Weisheit selber, um das Christentum in seiner ganzen Tiefe zu verstehen. So stehen wir vor einer geistigen Auffassung des Christentums. Das ist die nächste Stufe: das theosophische oder geisteswissenschaftliche Christentum. ...

Die äußere Wissenschaft wird nicht, wie viel auch Versuche gemacht werden, einer spirituellen Vertiefung fähig sein. Sie wird immer mehr in dasjenige übergehen, was eine höhere Anleitung zu technischen Handfertigkeiten ist, ein Mittel zur Beherrschung der äußeren Welt. Mathematik war für den Pythagoräer noch ein Mittel, in den Zusammenhang der höheren Welten, in die Weltenharmonie hineinzusehen; für den heutigen Menschen ist sie ein Mittel, die Technik weiter auszugestalten und damit die äußere Welt zu beherrschen. Verweltlicht, unphilosophisch gemacht – das wird der Gang der äußeren Wissenschaft sein. Aus der spirituellen Entwicklung werden sich alle Menschen ihre Impulse zu holen haben. Und diese spirituelle Entwicklung schlägt den Gang zum spirituellen Christentum ein. Die Geisteswissenschaft wird dasjenige sein, was die Impulse für jedes geistige Leben zu geben imstande ist.

Es wird ja die Wissenschaft immer mehr technische Anleitung. Und das Universitätsleben gleitet immer mehr in das Fachschulleben hinüber und das ist das Richtige. ...

Die Zeit des heraufziehenden Materialismus brauchte die Religion. Aber es wird die Zeit kommen, in der die

Menschen wiederum Erfahrungen haben können in der übersinnlichen Welt. Dann werden sie keine Religion mehr brauchen. Das neue Schauen hat zur Voraussetzung das Mitbringen des spirituellen Christentums; es wird die Konsequenz des Christentums sein. Das begründet den Satz, den ich Sie bitte, sich als besonders wichtig zu merken: Das Christentum hat begonnen als Religion, aber es ist größer als alle Religionen.

Das, was das Christentum gibt, wird mitgenommen werden in alle Zeiten der Zukunft und wird noch einer der wichtigsten Impulse der Menschheit sein, wenn es keine Religion mehr geben wird. Selbst wenn die Menschen das religiöse Leben überwunden haben werden, wird das Christentum doch bleiben. Daß es erst Religion war, hängt mit der Entwickelung der Menschheit zusammen; aber das Christentum ist als Weltauffassung größer als alle Religionen.» (Vortrag vom 13. Mai 1908, GA 102)

In einem anderen Vortrag desselben Zyklus sagt Rudolf Steiner:

«Nun können wir fragen: Wenn aber die Religion aufgehen wird in der Erkenntnis, wenn den Menschen nicht mehr in der alten Form Religion gegeben sein wird, daß er bloß dem Glauben nach auf die Weisheit hingewiesen sein wird, welche die Evolution leitet, wird dann auch das Christentum nicht mehr sein? Keine andere Religion wird sein, die auf bloßen Glauben gebaut ist. Das Christentum wird bleiben, denn das Christentum ist zwar in seinem Anfang Religion gewesen, aber das Christentum ist größer als alle Religion! Das ist Rosenkreuzerweisheit. Umfassender war das religiöse Prinzip des Christentums in seinem Anfange als das religiöse Prinzip aller anderen Religionen. Aber das Christentum ist noch größer als das religiöse Prinzip selbst. Wenn die Glaubenshüllen fortfallen werden, wird es Weisheitsform sein. Es kann ganz und gar die Glaubenshüllen abstreifen und Weisheitsreligion werden, und dazu wird

Geisteswissenschaft helfen, die Menschen vorzubereiten. Die Menschen werden ohne die alten Religions- und Glaubensformen leben können, aber sie werden nicht leben können ohne das Christentum; denn das Christentum ist größer als alle Religion. Das Christentum ist dazu da, alle Religionsformen zu sprengen, und das, was als Christentum die Menschen erfüllt, das wird noch sein, wenn die Menschenseelen hinausgewachsen sind über alles bloße religiöse Leben.» (Vortrag vom 24. März 1908, GA 102)

Aus diesen Gedanken Rudolf Steiners über das Wesen des Christentums und seiner Zukunft ergibt sich mit absoluter Klarheit, daß wahres Christentum Menschentum schlechthin ist. Die Zukunft des Christentums ist die Zukunft des Menschen. Aber warum braucht man denn überhaupt vom Christentum zu reden, wenn es um den Menschen geht? Das ist in der Tatsache begründet, daß die Wesenheit, die «Christus» genannt wird, die geistige Wesenheit ist, die durch ihre Menschwerdung wesenhaft real in sich vorweggenommen hat alle künftigen Entwicklungsstufen des Menschen und diese dadurch jedem Menschen möglich macht. So ist die Menschwerdung des Menschen zugleich die Durchchristung des Menschen. Man kann auf keine andere Weise die Fülle des Menschseins erlangen als so, wie sie sich im Christus-Wesen gezeigt hat. Nicht bei sich, so wie er heute ist, kann der Mensch wahres und vollkommenes Menschentum finden, sondern beim Wesen, das «Christus» genannt wird.

Ein anderes ist aber die kulturell-historisch bedingte Tatsache, daß *die Worte* «Christus» und «Christentum» in der Vergangenheit identifiziert worden sind mit der bisherigen menschlich-kulturellen Form des Christentums und mit der Auffassung des Christus-Wesens, die bisher bewußtseinsmäßig möglich war. Diese Tatsache ist der Ursprung von vielen Mißverständnissen. Keine Wirklichkeit dürfte identifiziert werden mit irgendeinem Wort und kein Wort mit einer Wirklichkeit. Dieselben Dinge werden ja schon immer in den verschiedenen Sprachen mit den verschiedensten Wortfügungen belegt. So stelle ich mir vor, daß es möglich sein sollte, in Indien, in Japan, in den USA oder anderswo *alles* über das Mysterium von Golgatha und über das Wesen der Liebe zu sagen, ohne die *Worte* «Christus» oder «Christentum» zu gebrauchen. Auf diese Weise könnte man verhängnisvolle Mißverständnisse vermeiden.

Selbst Rudolf Steiner hat 1922 beim Wiener West-Ost-Kongreß eine Reihe von Vorträgen unter anderem mit der Absicht gehalten, die Worte «Anthroposophie» oder «anthroposophisch» zu vermeiden. Am Ende rühmte er sich, daß es gelungen war (vergleiche GA 257, Vorträge vom 28. Februar und 3. März 1923). Der *Substanz* nach, auch ohne das Wort «Anthroposophie», war es doch *Anthroposophie*, was Rudolf Steiner den Menschen mitteilte ...

Gerade die Geisteswissenschaft Rudolf Steiners gibt uns eine Fülle von Bezeichnungen über das Christus-Wesen, die es nicht weniger wesenhaft kennzeichnen als das Wort «Christus» selbst. So kann diese Wesenheit genannt werden «das Sonnenwesen», «das Wesen der Liebe», «der Menschheitsrepräsentant», «der Menschensohn», «der Herr des Karma», «der Auferstandene», «der Wiederkehrende», «der Meister der Bodhisattvas», «der Spender des Heiligen Geistes», «das Weltenwort», «der Logos», «der Weltensinn», «das Wesen des Ich», «das Ich-Bin», «der Ermöglicher der Freiheit», «der vollkommene, göttliche Mensch», «der Sohn des Weltenvaters», «der Sohnesgott» …

Man kann auch die vorchristlichen Bezeichnungen gebrauchen, durch welche die Eingeweihten in den Mysterien auf das sich der Erde nähernde Sonnenwesen hingewiesen haben: «Vishva Karman» bei den Indern, «Ahura Mazdao» bei den Persern, «Osiris» bei den Ägyptern, «Jahwe» bei den Juden und so weiter. Ich habe diese Liste ohne viel Mühe erstellt und bin sicher, daß viele andere Bezeichnungen noch möglich wären für das zentrale und umfassende Wesen unseres Sonnensystems.

Wenn wir diese Übung der «Befreiung» von den Worten noch weiter führen und uns «überwörtlich» und ideell mit diesem Ideal aller künftigen Entwicklung jedes Menschen dem innersten Wesen nach verbinden, so ergibt sich für uns alle etwas noch ganz anderes. Christentum im Sinne von Menschentum ist für keinen Menschen Besitz oder Privileg oder Monopol. Diesem «vollkommenen Menschen» gegenüber kann keiner sich dessen rühmen, was er schon geworden ist. Denn der Mensch erlebt sein Menschsein nicht durch dasjenige, was er schon ist, sondern durch dasjenige, was er *wird*. Mensch ist man nicht, Mensch *wird* man. Christ ist man nicht, Christ *wird* man. «Wer immer strebend sich bemüht …» heißt das Fazit des

«Faust». Dieser strebende Mensch ist der reine Mensch, ist rein Mensch.

Die Vergangenheit unterscheidet die Menschen und dadurch entzweit sie sie. Die Zukunft vermag alle Menschen zu vereinen in der Kommunion des absoluten Anfangs. Wenn das noch zu Erringende das Wichtige ist, wenn jeder sich am Anfang erlebt, dann ist die universelle Kommunion der Menschen da. Dann ist die Menschwerdung für jeden eine Aufgabe. Im Erleben dieses «Menschentums» spielt es absolut keine Rolle, ob ein Mensch sich aus der Vergangenheit heraus als Hindu oder Buddhist, als Jude oder Muslim, als «Christ» oder «Anthroposoph» bezeichnet. Die letzten zwei Kategorien muß man vielleicht besonders betonen, weil die einen aufgrund des Namens, die anderen aufgrund der Geisteswissenschaft eher der Versuchung erliegen könnten, das Christentum schon als Besitz für sich in Anspruch zu nehmen. Dadurch würde aber nur ihre Unchristlichkeit zum Vorschein kommen.

Die Perspektive der Vollendung

Um das Universelle des Christentums als Perspektive der Zukunft, die durch die Geisteswissenschaft Rudolf Steiners zum Bewußtsein gebracht wird, etwas inhaltlich anzudeuten, sei hier kurz auf das Wesen der Vollendung eingegangen, die als Resultat der Entwicklung von Mensch und Erde da sein wird.

Rudolf Steiner schildert, wie diese Vollendung darin

bestehen wird, daß ein Menschheits-Ich umgeben sein wird von drei Hüllen. Dieses Menschheits-Ich ist das Christus-Ich. Im Wesen der Liebe werden alle Menschen-Iche eins und vollkommen ichhaft zugleich. Ein Ich im makrokosmischen Sinne ist eigentlich in unserem Entwicklungszyklus nur das Christus-Ich. Es ist das Ich des ganzen Planeten «Erde» in seiner Einheit. Was die Menschheit dem Christus-Ich geben darf, wird sein: einen Astralleib, einen Ätherleib und einen physischen Leib.

Die Substanz dieses Menschheits-Astralleibes wird bestehen aus allen Kräften des Staunens und der Verwunderung, die die Menschen in sich gehegt haben werden; die Ätherleiblichkeit der Menschheit als zweite Hülle für das Christus-Ich wird bestehen aus allen Kräften des Mitleides und der Liebe; die physische Phantomleiblichkeit, welche die Menschen dem Christus werden entgegenbringen dürfen, wird bestehen aus allen Kräften des Gewissens und der moralischen Verantwortung. Diese dreifache Leiblichkeit ist zugleich die Auferstehungsleiblichkeit von Tier-, Pflanzen- und Steinwelt.

«Was wird bleiben als höchste Substanz der Erde, wenn die Erde an ihrem Ziele angekommen sein wird? Der Christus-Impuls war auf der Erde da, war gleichsam als geistige Substanz vorhanden. Der bleibt. Der wird von den Menschen während der Erdenentwickelung aufgenommen. Aber wie lebt er weiter? Als er auf der Erde während der drei Jahre wandelte, hatte er nicht physischen Leib, Ätherleib und Astralleib für sich, er hatte die drei Hüllen angenommen von dem Jesus von Nazareth. Aber indem die Erde an ihrem Ziele angelangt sein wird, wird sie, wie die menschliche Wesenheit, eine voll ausgebildete Wesenheit sein, die dem Christus-Impuls entspricht. Aber woher nimmt der Christus-Impuls diese drei Hüllen? Aus dem, was nur aus der Erde genommen werden kann, was sich in der Menschheitsentwickelung, die mit dem Mysterium von Golgatha begonnen hat, auf der Erde auslebt. ...

So bekommt ein Ausspruch des Evangeliums erst seine wahre Bedeutung: ‹Was ihr getan habt einem unter diesen meiner geringsten Brüdern, das habt ihr mir getan!› ...

Ja, auch die äußere bildhafte Darstellung des Christus, wie er äußerlich bildhaft vorgestellt werden soll, ist eine Frage, die erst noch gelöst werden soll. ... Denn es müßte das hervortreten, was die werdende Äußerlichkeit darstellt des Herum-sich-Gliederns der Impulse des Erstaunens, des Mitgefühles und des Gewissens. Was sich darin ausdrückt, muß sich so ausdrücken, daß das Christus-Antlitz so lebendig wird, daß dasjenige, was den Menschen zum Erdenmenschen macht, das Sinnlich-Begierdenhafte, überwunden wird durch das, was das Antlitz vergeistigt, spiritualisiert. Es muß höchste Kraft in dem Antlitz sein dadurch, daß alles, was als höchste Entfaltung des Gewissens zu denken ist, sich in dem eigentümlich geformten Kinn und Mund zeigt ... ein Mund, an dem man fühlen kann, daß er nicht zum Essen da ist, sondern dazu, um auszusprechen, was als Sittlichkeit und Gewissen in der Menschheit jemals gepflegt worden ist, und daß dazu das ganze Knochensystem, sein Zahnsystem und Unterkiefer als Mund geformt ist ... Dagegen wird man ihm Augen geben, aus denen alle Gewalt des Mitgefühls sprechen wird, mit der nur Augen Wesen ansehen können – nicht um Eindrücke zu empfangen, sondern um mit der ganzen Seele in ihre Freuden und Leiden überzugehen. Und eine Stirn wird er haben ... aber nicht eine ‹Denkerstirn›, die wieder verarbeitet, was da ist, sondern es wird sich Verwunderung aussprechen in der Stirn, die über die Augen hervortritt

172

Rudolf Steiners zweite Studie zum Christuskopf der Holzplastik
(Ostern 1915, Plastilin, Foto Wilkes)

und sanft sich wölbt nach rückwärts über den Kopf, dadurch ausdrückend, was man Verwunderung über die Mysterien der Welt nennen kann. Da wird ein Kopf sein müssen, den der Mensch nicht in der physischen Menschheit antreffen kann.» (Vortrag vom 14. Mai 1912, GA 133)

Das verklärte Antlitz des «Menschensohnes»

Ich möchte zum Schluß die Legende des Ahasverus erwähnen, so wie sie von Goethe in seiner «Dichtung und Wahrheit» (Dritter Teil, 15. Buch) dargestellt wird.

Goethe schildert, wie ihn diese mittelalterliche Sage in seiner Jugend so fasziniert hat, daß er den Plan gefaßt hatte, den Stoff dramatisch auszugestalten, um daraus etwas nicht weniger Bedeutsames als den «Faust» werden zu lassen. Der «Ewige Jude» – Ahasverus genannt – wird von Goethe zum vornherein nicht einfach als «Jude» verstanden, sondern als Menschheitsfigur.

Ahasverus ist *jeder* Mensch, insoweit er als Mensch damit ringt, die Selbstidentifikation mit dem Partikulären und Besonderen eines Volkes zu überwinden, um hineinzumünden in das Universelle der Menschheit, wo allein wahre Individualität erlebt werden kann. Er ist jeder Mensch, der vor Christus lebt, dem Christus die Hand gibt, auf daß er anfange, *nach* Christus zu leben. Er erlebt diesem Menschheitsrepräsentanten gegenüber sowohl unwiderstehliche Anziehungskraft (in seinem höheren Ich) wie auch die tiefste Abneigung und Ablehnung (in seinem niederen Ich).

174

Für das christliche Mittelalter war es selbstverständlich, einen Juden für diese Rolle zu nehmen. Eben darum war das Christentum noch nicht christlich genug. Man dachte, man wäre selbst schon von vornherein Christ und der andere, der Jude, noch nicht.

Wenn Goethe diese Sage aufgreift, so sicherlich nicht in diesem engen traditionell-christlichen Sinne. Bei ihm ist Ahasverus jeder Mensch, der Mensch. Dieser Ahasverus Goethes hatte drei Jahre lang alles getan, um den Jesus von Nazareth zur Vernunft zu bringen. Er soll doch eine Familie gründen, einen Beruf ergreifen, etwas Ordentliches leisten und aufhören, das Volk mit krausen Theorien zu verwirren und aufzuwiegeln. Alles umsonst. Um so wütender wird er, als Judas an seiner Türe vorbeikommt und ihm vom eben gefallenen Todesurteil berichtet. Kurz danach bricht Christus vor seiner Tür unter dem Kreuz zusammen, und Simon von Cyrene wird gezwungen, es weiterzutragen.

Die Veronika – ein Bild der Menschenseele – trocknet ihm mit einem Schweißtuch das Gesicht, das Antlitz eines Leidenden. Indem sie aber das Tuch in die Höhe hebt, zeigt sich darauf ein verklärtes Antlitz. Die Menschenseele in ihrer Entwicklung empfängt von der Seite der sinnlichen Wahrnehmung das verzerrte Gesicht des Logos. Wenn die Welt in ihrer Materialität, in den Unterschiedlichkeiten der Leiblichkeit, in der Atomisierung der Egoismen erlebt wird, so ergibt sich nur Verzerrung und Sonderung. Da gibt es in der Menschheit nur Zwietracht und Zersplitterung.

Wenn aber die Menschenseele durch innere Läute-

175

rung das Antlitz des Logos in den geistigen Höhen kraft des intuitiven Denkens betrachtet, so erlebt sie dasjenige, was Rudolf Steiner die Erscheinung Christi in ätherischer Gestalt nennt. Durch die seelischen Kräfte der Verehrung, des Mitleides und des Gewissens wird intuitiv denkerisch ein *verwandeltes* Antlitz des Logos betrachtet. Es aufersteht aus den Niederungen des Daseins der *Mensch* in reiner Universalität und in einzigartiger Individualität.

Goethe schließt mit den Worten:

«...im Augenblicke bedeckt die liebende Veronika des Heilands Gesicht mit dem Tuche, und da sie es wegnimmt und in die Höhe hält, erblickt Ahasverus darauf das Antlitz des Herrn, aber keineswegs des in Gegenwart Leidenden, sondern eines herrlich Verklärten und himmlisches Leben Ausstrahlenden. Geblendet von dieser Erscheinung wendet er die Augen weg, und vernimmt die Worte: ‹Du wandelst auf Erden, bis du mich in dieser Gestalt wieder erblickst.› Der Betroffene kommt erst einige Zeit nachher zu sich selbst zurück, findet, da alles sich zum Gerichtsplatz gedrängt hat, die Straßen Jerusalems öde, Unruhe und Sehnsucht treiben ihn fort, und er beginnt seine Wanderung.» (Dichtung und Wahrheit, III. Teil, 15. Buch)

In diesen Worten ist die Erfahrung der Wiederkunft Christi in schönster Weise dargestellt. Es ist die Veronika – die Menschenseele – die das leidende und verzerrte Gesicht des Menschensohnes emporhebt und verwandelt in das verklärte Antlitz des «Wiederkehrenden», des mit Liebe durchwärmten «Menschensohnes». Diese ewige Wandlung ist das ewige Werk der Freiheit und der Liebe.